大客户销售成功之道

策略、技巧与业务开发实战

李赛赛/著

中华工商联合出版社

图书在版编目（CIP）数据

大客户销售成功之道：策略、技巧与业务开发实战 / 李赛赛著. -- 北京：中华工商联合出版社，2024.5

ISBN 978-7-5158-3941-7

Ⅰ. ①大… Ⅱ. ①李… Ⅲ. ①企业管理－销售管理 Ⅳ. ①F274

中国国家版本馆CIP数据核字（2024）第096411号

大客户销售成功之道：策略、技巧与业务开发实战

作　　者：	李赛赛
出 品 人：	刘　刚
责任编辑：	于建廷　效慧辉
装帧设计：	周　源
责任审读：	傅德华
责任印制：	陈德松
出版发行：	中华工商联合出版社有限责任公司
印　　刷：	北京毅峰迅捷印刷有限公司
版　　次：	2024年7月第1版
印　　次：	2024年7月第1次印刷
开　　本：	710mm × 1000mm　1/16
字　　数：	240千字
印　　张：	15.5
书　　号：	ISBN 978-7-5158-3941-7
定　　价：	78.00元

服务热线：010-58301130-0（前台）
销售热线：010-58301132（发行部）
　　　　　010-58302977（网络部）
　　　　　010-58302837（馆配部）
　　　　　010-58302813（团购部）
地址邮编：北京市西城区西环广场A座
　　　　　19-20层，100044
http://www.chgslcbs.cn
投稿热线：010-58302907（总编室）
投稿邮箱：1621239583@qq.com

工商联版图书
版权所有　侵权必究

凡本社图书出现印装质量问题，
请与印务部联系。

联系电话：010-58302915

导 读

一、为什么要写这本书

做销售不容易,做大客户销售更难!

因为大客户参与决策的人员更多、决策周期更长、决策流程也更为复杂,所以要求销售人员具备与之相匹配的专业素质与能力,能够真正懂客户、帮客户,为客户解决问题、创造价值。

而令大客户销售人员及管理者头痛的是:到底如何才能抓住大客户的真实需求?如何与大客户进行有效沟通?如何做好大客户的业务深挖?如何通过科学的方法为大客户销售赋能?等等。

本书将根据大客户销售人员及管理者在实践中遇到的典型案例,同大家一起探讨如何更好地解决以上问题。同时,在此基础上帮助读者系统性地梳理大客户销售流程,销售人员能力提升的思路和方法,帮助您和您的销售团队更快地成长。

二、本书的主要结构

本书从"客户眼中的靠谱销售"入手,让销售人员了解客户"为什么要向你购买",作为大客户销售人员要具备什么样的思维方式、能力与态度。

接着向大家介绍客户是"如何购买"的,也就是客户的"购买流程"。与之相对应,我们要解决"如何卖"的问题,即"销售流程",在销售流程中要采取的关键动作是什么,怎样让这些动作取得最好的效果。

其中的"关键动作"是本书要探讨的重点内容,我们会从"客户接触""需求挖掘""影响决策""顾虑排除""方案交付"五个方面展开,通过问答及丰富的实战案例让大家了解到底"如何卖"才能"卖得好"。

三、本书的阅读对象

本书主要服务于B2B行业的销售人员、大客户销售人员及管理者,尤其是当您要销售标准产品,更要为客户提供定制化解决方案时,本书内容更适合。

目 录

第一章
客户眼中的"靠谱"销售 /001

一、客户眼中什么样的销售才靠谱 /003

二、靠谱的销售人员应具备的能力是什么 /005

三、靠谱的销售人员应具备的思维方式是什么 /012

四、靠谱的销售人员应具备的态度是什么 /016

五、怎样成为行业顶尖的销售人员 /017

本章关键点总结 /019

第二章
大客户的购买流程 /021

一、客户是如何购买的 /023

二、大客户与小客户购买行为的区别 /024

三、大客户购买流程及相应的销售流程 /025

四、大客户购买流程每个阶段的关注点 /029

五、为什么"搞定"客户越来越难 /033

六、销售流程各阶段的关键动作 /036

七、销售动作的灵活性 /038

八、我们为什么需要销售流程 /039

本章关键点总结 /040

第三章
每个销售阶段都要为客户创造价值 /041

一、做价值的"传递者"还是"创造者" /043

二、你是客户眼中的专家吗 /045

三、通过"顾问式"销售向客户展示价值 /050

四、"需求-价值循环"——从"需求挖掘"到"价值创造" /056

本章关键点总结 /057

第四章
"发现问题"VS"客户接触" /059

一、通过"微营销"接触客户 /061

二、抓住客户的潜在需求 /069

三、差异化能力 /075

四、"核心型"能力的表述 /088

五、销售对于"差异化"能力的推动 /090

本章关键点总结 /091

第五章
"确定需求" VS "需求挖掘" /093

一、"需求"和"问题"的区别 /095

二、客户拜访之拜访前 /097

三、客户拜访之拜访中 /108

四、客户拜访之拜访后 /115

五、客户的"决策链" /119

六、首次拜访"二十句" /126

本章关键点总结 /128

第六章
"方案评估" VS "影响决策" /131

一、先诊断,后开方 /133

二、客户为什么会购买 /135

三、提问的技巧 /136

四、如何影响客户的决策 /151

本章关键点总结 /161

第七章
"风险评估" VS "顾虑排除" /163

一、顾虑产生的原因 /166

二、"顾虑"的表现形式 /168

三、充分重视客户的"顾虑" /169

四、合理应对客户的"顾虑" /170

五、内部协同 /180

六、演讲的内容与技巧 /185

七、谈判的技巧 /195

八、你的谈判对手会如何准备谈判 /203

本章关键点总结 /208

第八章
"合同执行" VS "方案交付" /211

一、危机四伏的"方案交付"阶段 /213

二、"防火"是"灭火"的最好办法 /216

三、顺利"交付"的"三要""三不要" /217

四、小心"交接"让你丢掉客户 /219

五、搭建大客户销售"铁三角"组织 /220

六、不要停止对客户需求的挖掘 /225

七、交付过程中的"复盘" /226

八、行业标杆的树立与复制 /230

九、怎样才能从老客户那里获得更多的新业务 /232

十、永远保持对客户的敬畏之心 /233

本章关键点总结 /235

后记 /236

主要参考文献 /238

第一章
客户眼中的"靠谱"销售

一、客户眼中什么样的销售才靠谱

有一天，我接到下属大客户销售经理小张的电话："李总，您方不方便来一趟广州，明天下午要向客户S公司汇报咱们的方案。"小张那时正带领一个四的项目组短期驻扎在广州，目的是为一家鞋服行业的世界知名外企S公司做中国区的仓储、配送解决方案。

原计划这套解决方案我们只需要向S物流总监汇报，没想到这次客户非常重视，负责销售的常务副总裁竟然临时要求听汇报，我很清楚这代表什么，二话不说，第二天一早飞到了广州，和几个同事过了一遍方案，下午两点开始汇报。

我们这边负责讲解方案的小王不愧是英国留学的高才生，全程流利的英文，正当我暗自得意的时候，那位销售副总裁突然打断了我们："实在抱歉，我打断一下，为什么要在沈阳仓库放这么多女士凉鞋，而在广州仓库放这么多长靴呢？"

不知您听到这个问题之后有什么感觉，我的汗马上冒出来了，因为我意识到我们犯了一个低级错误：做解决方案的时候只考虑了如何最大化仓储、配送效率，却没有考虑鞋服销售的地域特点。因为这个疏忽，给那位常务副总裁留下了非常不好的印象！

果不其然，为了证实我们"靠谱"，汇报结束后，S公司要求补充大量的行业成功案例、方案的细化材料，并安排了多次实地考察。

客户判断乙方销售人员是不是"靠谱"、是不是"优秀"，首先看的是**"懂不懂我"**——你是不是了解我所处的行业？你是不是了解我们公司？

为什么客户尤其是大客户首先看这一点呢？因为大客户购买的往往不是一个标准产品，而是需要我们提供定制化的解决方案。

如同我们卖一台电脑给企业，客户不会在意你是否了解他和他的行业，但是如果你卖的是一套ERP管理系统，而你不了解他和他的行业，你觉得客户会选择你的产品吗？

所以，要想赢得客户，首先要**"懂"客户**、具备赢得客户的"能力"，这个"能力"包括"知识"和"技巧"两个方面。所谓的"知识"是指客户知识、行业知识，也包括客户人员的职位知识等；"技巧"则指我们的"沟通技巧""处事技巧"等。

其次，"思维方式"。你能否站在客户的角度思考问题？是不是站在**"帮他"**的立场上考虑问题？首先考虑的是为客户解决问题、创造价值，而不是仅仅想着怎样把产品推销出去、自己赚钱！

最后，"态度"。"三流的销售卖价格、二流的销售卖产品、一流的销售卖人品"，而"人品"主要体现在对待客户的态度是否真诚、是否热情。

为了让大家更直观地了解客户如何评判乙方销售人员是不是"靠谱"，我们用"靠谱度"（如图1-1）来表示。

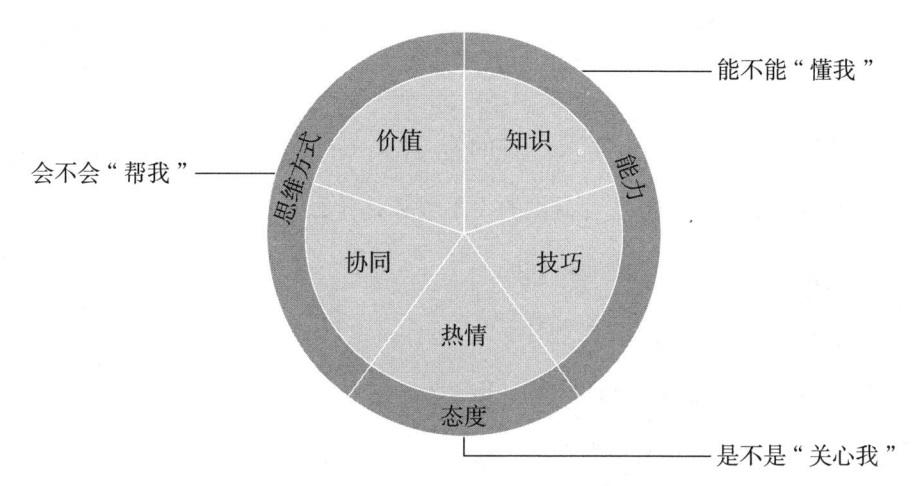

图1-1 大客户销售的"靠谱"

知道了客户如何判断一个销售人员是否靠谱，下面就具体看一下如何成为一名靠谱的销售人员。

二、靠谱的销售人员应具备的能力是什么

曾经和一个销售人员拜访客户，见面没聊几分钟，销售人员问了一个问题："贵司已经上市了吗？"如果你是客户，会怎么想？

第一感觉就是这个销售人员不靠谱，连这种信息都不提前了解，都不愿做功课，还来拜访干嘛！

不提前了解本该了解的"知识"，拜访客户的时候往往会因为一个

"傻问题"破坏客户对你的整体印象。

这里的知识包括四个方面：

（一）"知客户"——客户知识

我们要了解客户是一家什么样的公司，主要了解内容包括：

- 生产的主要产品或者提供的主要服务是什么？
- 客户在其行业中的地位如何？
- 客户有哪些主要的竞争对手？
- 客户的产品和服务的优势是什么？
- 客户的服务对象是谁？
- 客户的财务状况如何？
- 客户下一步的战略发展方向是什么？
- 客户目前遇到的主要问题是什么？
- 客户在信誉方面有没有不良记录？
- 客户目前在招聘什么样的人员？
- 客户最近有没有正面或负面的新闻？

正所谓"战前多流汗，战时少流血"，对客户越了解，越能够提高拜访客户的成功率。

这些信息看起来繁多，实际上公开信息上都有，可以通过专门的软件、客户官网、财报或者搜索引擎查询，关键是要给予足够的重视，不能犯懒。

"客户知识"中还有一个重要部分是对客户关键人员的了解,我们需要知道:

- 客户的大致组织架构,尤其是与目标业务相关部分的组织架构(也称为"决策链")。
- 客户领导的履历,以及最近相关报道等。
- 与我们业务对口部门负责人的姓名、简介、职位KPI(这一点很关键)、业内口碑、个人喜好等。
- 客户主要人员中有没有我们竞争对手的"支持者"。
- 对于我们的业务,哪些人具有决策权、哪些人具有否决权。
- 客户主要人员之间的关系如何。

有些读者可能会问:"对于客户成员要了解这么详细吗?提前获取这些信息是不是有点难?"没错,万事开头难,但当你熟悉了客户所在的行业,再想得到客户的这些信息就不觉得难了。

我的部门里有个大客户销售小张,他的客户主要来自建材行业,因为是物流公司的销售业务,平常接触最多的是建材行业的供应链总监。

我发现他有一个习惯——浏览招聘网站,开始我以为他想跳槽,后来和他谈心,才知道这个快速了解客户的秘密。

原来小张看的是建材行业客户的招聘信息,他会重点留意三项内容:

- 客户留下的地址和联系方式,这样就能顺藤摸瓜找到客户。
- 看这个客户在招聘什么样的人员,比如客户在招聘电商渠道销售总监,而原来这个客户并没有这个岗位,就能推断出客户要重点关注电商渠道了，那么这个渠道的物流业务自然也会增加。有些招聘方不会写公司名称，或者只是猎头发的信息，但小王通过招聘内容的蛛丝马迹大致能判断出来是哪家客户在招聘。

- 重点关注客户是不是在招聘供应链负责人，如果是，他会把信息详细记录下来并暗中调查，看看这个供应链总监是不是马上离职或者高升。如果离职，下一个东家是谁；如果高升，下一个职位是什么，这样就能提前做准备。

因为小王的"有心"和"细心"，他了解的这些信息为他进入建材行业提供了非常大的帮助，甚至后来有些建材客户在招聘供应链总监的时候，会找小王推荐或者了解计划招聘的目标人员。

如果小王推荐成功了，那个供应链总监会不会觉得欠他一个大人情？事实上小王真的推荐成功了，没事的时候他还会约那几位供应链总监喝喝茶。

到了这种程度，你还会觉得"知客户"是一件很难的事吗？

（二）"知行业"——了解客户所在的行业

1. 了解行业的竞争格局

比如我们要了解建材行业，就要搞清楚行业龙头是谁，TOP10企业是谁，各自的市场份额、主打产品、主要销售渠道是什么，等等。

我的客户中有两家建材企业，其中一家是从另一家分出去的，两家因为产品同质化严重在市场上竞争很激烈。但是，两家做得都不错，都在行业的TOP20，这种信息别人可以不知道，但作为行业大客户销售的你必须知道。

2.了解行业的发展趋势

还是拿建材行业举例，这个行业是以线下模式做起来的，开始的时候那些企业老板看不上电商渠道，但是随着消费群体的线上化、年轻化，电商渠道售后体系的完善，2010年左右，家具、卫浴的建材品牌纷纷开始接触电商。

有意思的是，你会发现一个行业的发展会走另一个行业的"老路"，比如建材行业就在不断地学习大家电行业，招聘人员时也喜欢到家电行业去挖人。这是因为两个行业在发展历程上有诸多相似之处。

所以，仔细研究行业的发展趋势会让你发现很多商机，最起码能让你和客户聊天的时候不被当成外行。

3.了解行业的普遍痛点

比如鞋服行业销售预测的问题、退货处理的问题、门店之间货物调拨的问题等，**如果能抓住和你的业务相关的行业共性痛点，你就能抓住客户的真实需求。**

这里有一点值得注意，要多研究行业头部客户的痛点，因为头部客户走在行业前列，遇到的问题往往别的同行还没有遇到，如果你能抓住并给予解决，再去谈别的客户就能游刃有余。因为他们还没遇到的问题，你不仅提前想到了、遇到了，还解决了，他们遇到类似问题，肯定先找你。

（三）"知竞争对手"——了解自己的竞争对手

做大客户业务的时候，我们会发现主要的竞争对手无外乎就是那几个，每次投标都是那些熟人。越是这样，我们越要仔细了解这些竞争对手的策略和方法，尤其是这些竞争对手的行事风格。

比如你和一家竞争对手抢夺关键客户的时候，突然感觉他们的做事风格有些变化，为了一个小单都会和你死磕到底。

原来是因他们换了领导，新领导急于获得新业务来冲收入，他们的策略变了，你的竞争策略也要尽早做相应的调整。如果你能提前知道竞争对手的人事变化和这位领导的处事风格，是不是会更好？

（四）"知自己"——了解自己公司的产品和服务是什么

对于这些内容，很多公司在日常销售培训中都会作为重点，但这里要强调的是：**你不仅要知道自己公司的产品和服务是什么，更要知道你的产品和服务到底能给客户带来什么？** 如何用自己的产品和服务为客户解决问题、创造价值才是最重要的。关于这一点，我们会在第四章详细阐述。

另外，"知自己"不仅要知道自己公司能做什么，更重要的是知道自己不能做什么。也就是我们的业务边界在哪里，哪些业务碰不得、能做到这一点才是一个成熟的大客户销售。

再来说"技巧"，包括沟通技巧与处事技巧。

如果说拥有"知识"的目的是让客户"信任"你，那么拥有这两个

"技巧"的主要目的是让客户"喜欢"你。如果我们想拿下大客户，两者缺一不可。

举个例子，家里打算装修，如果你去家具市场买一把椅子，只要这把椅子质量好、美观、坐着舒服、价格公道，卖这把椅子的老板即使对你爱答不理，你也会把它买下来。

如果你的家需要装修，选择设计师时，即使这个设计师非常专业，甚至还拿过不少大奖，但是对你爱答不理，你会选择他吗？估计不会。

原因是什么？因为椅子带给我们的价值和卖家是可以完全分离的，只要椅子好，才不管是谁卖的，但是"装修设计"这个服务产品不同，它和提供这种服务的设计师密切关联。如果设计师与我们的沟通有问题，肯定不会有令人满意的结果。

大客户在选择销售人员的时候也是一样的，他需要和销售人员建立长期的合作关系，这个销售人员是甲乙双方沟通的桥梁。如果这个"桥梁"拥堵，客户就会选择不合作或者绕过这个"桥梁"，这也是为什么我们会收到客户投诉：要么别合作，要么换一个销售人员对接！

销售人员本身就是两种角色：对外是公司利益的代表，对内是客户利益的代表。如何做好两种角色的平衡，就要求销售人员具备良好的沟通和处事技巧。

"沟通"技巧包括如何拜访、如何提问、如何倾听、如何演讲、如何谈判等，我们在后续章节会向大家逐一介绍。

"处事"技巧很大程度上与一个人的天赋、个性和社会经验有关，这也是很多人认为销售是天生的，没办法后天培养的主要原因。

实际上，在大客户销售过程中，由于决策链人员较多、决策周期很长，而且在客户作出决策时，乙方销售人员很少在场，甚至参与决策的人员都没见过这个销售人员。这种情况下，销售人员个人的处事技巧的作用也就大大减弱，反倒是一个人的沟通能力、协同能力、资源利用能力等会起到关键作用。

所以，很多人认为自己的性格有些内向，不会察言观色，认为自己成不了优秀的销售人员，大可不必！

当然，这不等于我们否认"处事"技巧的重要性，可以通过了解更多的销售心理学知识来弥补这一点。

三、靠谱的销售人员应具备的思维方式是什么

（一）"价值"思维

没有哪个销售人员不想把自己的产品卖出去，但你有没有想过客户的需求到底是什么？而需求的背后，客户面临的问题是什么？我们如何通过自己的产品和服务为客户解决问题、创造价值？

销售人员小王入职一个月以来业绩一直不好，为了缓解沉闷的心情，也为了向金牌销售人员老张取经，他请老张去钓鱼。

虽然小王销售不好，但钓鱼可是行家里手，不仅钓具一应俱全，这次还专门调配了钓大青鱼的玉米饵料，里面加了蜂蜜和白酒，老张闻了恨不得尝一口。不仅如此，小王还在车上放了两人都喜欢的烧鸡和啤酒，享受钓鱼的乐趣，同时再来一顿丰盛的野餐。

没钓多久，小王开始抱怨自己的销售业绩不好，问老张业绩一直这么棒的秘诀是什么。老张想了一会儿，问小王："咱们用烧鸡钓鱼好不好？"小王差点笑出声来："别开玩笑了，这里没有一种鱼喜欢吃烧鸡！"老张冲小王眨了眨眼："那你有没有想过你的客户喜欢什么？"

"谈客户"和"钓鱼"有颇多类似之处：

第一，鱼如果不吃，你不可能把饵往它嘴里塞，客户也一样，如果他没有认识到产品或服务的价值，你再着急也没用。**每一个客户都喜欢购买，但讨厌被推销。**

第二，你要做的是让饵料喷香，甚至要为你想钓的鱼专门制作它喜欢吃的饵料。对客户也是如此，我们要保证产品和服务的质量，必要的时候为他们定制专门的解决方案。

"放长线、钓大鱼"，要有耐心，谈大客户尤其如此。

虽然把谈客户比作钓鱼有些不妥，但是其中的道理是相通的，我们要先搞清楚客户需要什么、客户的价值点在哪里，然后再去匹配我们的产品和服务，让客户认可这些价值，他才会购买，这是一个大客户销售人员应具备的"价值"思维模式。

（二）"协同"思维

我们在与大客户合作的时候，你会发现，不管是售前、售中还是售后，都是团队与团队之间的合作。

客户的对接人需要做好客户内部的协同，而销售人员需要做好自己公司内部的协同。但是，别忘了乙方销售人员具备两种角色，他既是公司利益的代表，又是客户利益的代表，所以他们天然就要具备"内部协同"和"外部协同"的思维方式和工作能力。

1.内部协同

先看一个案例：在IBM与3M公司合作的初期，3M公司客户经理发现IBM的主要有一个生产问题为"静电放电"。考虑到3M的一项专项技术或许可以解决这个问题，客户经理带队，由3M公司技术部门的4名技术人员组成核心团队来研究和解决这个问题。

这个团队花了2年多的时间，明显改善了IBM的问题，为IBM节省了几百万美元，IBM全球范围内的运营均采用3M公司的生产系统组件。

之后两年，3M公司在IBM的销售额增加了300%，创造了超1000万美元的收入。而这两年期间，这位客户经理不断往返于IBM和3M之间，协调并处理合作过程中遇到的各种问题。

相信大家都能看出来，3M这部分销售收入的增长首先有赖于3M的客户经理说服公司指派技术人员到IBM工厂，解决IBM的生产问题，这为之后的合作起到了非常重要的协调作用。

试想一下，如果这个客户经理不能做好"内部协同"，说服公司相关负责人，怎么会有技术部门的4名技术人员组成核心团队，又怎么会花2年的时间帮助IBM解决问题，又怎么会有后续的业务？

由此可见，针对大客户的销售工作，尤其是对于战略级的大客户，绝对不是一个销售人员能完成的，需要的是一个团队、几个部门，甚至举全公司之力才能完成。

作为一个大客户销售人员，怎样说服老板提前投入资源，联动其他的部门，包括方案、技术、运营，甚至财务、法务、各地分公司服务好客户，这时销售人员的内部协同能力尤为重要！

2.外部协同

这里所说的"外部协同"指的是销售人员协助做好客户公司内部的协同，可能有些销售人员会说，客户内部的协同我怎么能插手呢？

给大家讲一个故事，有一天我正在和销售小王聊工作上的事，突然，他的手机响了，是一个客户的物流总监张总打过来的。这个客户是小王正在重点突破的新客户，进展还不错，上次拜访时汇报了方案，张总很认可，还说哪一天要给副总裁李总汇报一次。这次张总给小王打电话是让他赶快发材料给自己。

第二天，小王和我聊这个客户的事，感觉有点沮丧。原来是客户副总裁李总昨天突然给张总打电话，向他询问方案怎样落地。这时，张总才发现手头没有任何资料，而且方案比较复杂，很难一两句话说清楚，所以才紧急向小王打电话要资料。

结果小王发过去了，张总也没有时间看了，最后只能凭记忆简单汇报了一下，李总听得糊里糊涂，很不满意。事后才知道，原来是李总要在马上召开的总裁办公会上向总裁汇报。

试想一下，如果小王在向张总汇报完方案以后，能给他发一个详细的会议纪要，或者书面的东西，能够提前意识到张总需要这些材料做内部汇报，这样做是不是在推动张总与李总，甚至是与总裁的协同，进而抓住取得业务进展的好机会。

要知道，在大客户的决策过程中，作为乙方销售人员基本上是无法参与的，**我们需要帮助能够接触到的人去"协同"我们接触不到的人**，只有这样才能有效地把握销售的进程和节奏。

四、靠谱的销售人员应具备的态度是什么

有一次接到一个大客户的投诉："李总，和我们这边对接的林经理不太合适，你看是不是换一个销售人员。"

我很奇怪，小林给人的感觉是和这个客户关系挺好的！后来从客户那里知道，可能是因为和客户比较熟悉，小林在和这个客户交往的过程

中有些地方不太注意，比如进客户的办公室不敲门，交谈的时候总是带脏字，总喜欢勾肩搭背，客户虽然嘴上不说，但心里很反感，最后导致这个投诉。

销售人员与客户的关系本质上还是乙方和甲方的关系，为客户解决问题，帮助客户创造价值时我们要有足够的热情，但日常交往过程中要把握分寸，尤其不能通过一些不恰当的语言或者动作表现自己和客户的关系不一般，特别是在一些公开场合，更会令客户反感。

热情而不失敬畏，是我们与客户交往过程中应秉持的正确态度。

五、怎样成为行业顶尖的销售人员

不想当将军的士兵不是好士兵，不想挣大钱的销售成不了好销售。一个优秀的销售人员肯定不会只满足于"靠谱"，如果希望自己成为所在行业顶尖的销售人员，应该怎么办呢？我们要做到"四化"，即专业化、差异化、细分化、集中化。

专业化： 要成为行业专家，就要充分了解客户行业的痛点和需求。第一，清楚地知道你的产品或者服务的优势在哪里；第二，清楚地知道这些优势到底是怎样帮助客户解决需求和痛点的，能够为客户带来的利益是什么；第三，**要有自己的见解**，而且这些见解是客户甚至客户所在的行业没有人认识到的，做到这一点并不难，因为销售人员本身就是跨行业的。

差异化： 你的产品和服务必须有差异化竞争力，顶尖的销售人员善于用"与众不同之处"满足客户的需求，甚至创造客户的需求。也许你会说，实在找不出公司的产品有什么与众不同之处，没关系，就让自己成为"与众不同之处"，做一个让客户觉得靠谱的顶尖销售人员！

同时，销售人员是最懂客户需求的人，甚至在某种程度上能够预测客户的需求。因此，**销售重要的工作之一是推动公司产品和服务的差异化创新**。这种创新一旦成功，自己就是最大的受益者，也是销售人员能够快速拓展客户的重要一步。

细分化：一个人的时间管理观念非常重要，优秀的销售人员更是如此，我们要把有限的时间用到无限的销售事业上，就需要对客户群体进行有针对性的梳理和细分，明确自己的产品或服务要卖给谁。也就是说，要细分你的"客户画像"，准确定位哪些人能够从你所做的事情中获益，而且你会比别人做得好，然后逐步淘汰那些不匹配的、"性价比"较低的客户。

集中化：目标集中于大客户，尤其是你的产品或者服务需要做个性化定制的时候，更要集中精力攻克行业中的头部客户，不要把过多的精力放在小客户身上。

因此，要好好想一想谁有能力大量购买你的产品或服务，想一想谁是"潜力股"，那些行业排名靠前，但是有雄心要当行业老大的企业就是很好的选择。当然，付款信誉较好也是必要的。

另外，在大客户身上会出现一些"机遇性事件"，销售人员一定要牢牢抓住。比如某个客户技术获得革命性突破，产品突然供不应求，国家某项政策出台，客户产品出货量暴增等，这种"机遇性事件"往往出现在行业头部客户身上，而这正是我们盯住大客户才可以获得的红利。

这种情况虽说可遇不可求，但机会总是留给有准备的人。

本章关键点总结

（1）客户会从"能不能懂我""会不会帮我""是不是关心我"，也就是能力、思维方式、态度三个方面考察一个销售人员是不是靠谱。

（2）靠谱的销售人员要做到"四知"：知客户、知行业、知竞争对手、知自己。

（3）不仅要知道自己公司的产品和服务是什么，更要知道自己公司的产品和服务到底能给客户带来什么。

（4）靠谱的销售人员需要具备"价值"思维与"协同"思维。

（5）客户喜欢购买，但不喜欢被推销。

（6）热情而不失敬畏，是我们与客户交往过程中应秉持的正确态度。

（7）推动公司产品和服务的差异化创新是销售人员的职责所在。

（8）通过专业化、差异化、细分化、集中化让自己成为顶尖销售人员。

第二章
大客户的购买流程

一、客户是如何购买的

"知己知彼，方能百战不殆。"我们在讨论如何"卖"之前需要了解客户是如何"买"的，在设计销售流程之前要知晓客户的购买会遵循什么样的流程。

很多售卖标准产品的企业采用的是LTC（Lead to Cash）的销售流程，按照"发掘线索—确定机会—签订合同—执行合同—回款—关闭合同"的步骤来对销售过程进行管理。但是，当销售对象变成需要定制化解决方案的单一大客户时，我们需要在这个流程的基础上增加与客户之间的互动。

如果我们把销售过程看成一场与客户进行的比赛，对于中小客户，尤其是购买标准产品的客户，销售如同与其进行一场跑步比赛，从起跑到加速只要能够按照流程一步步来，再加上自身产品够强大，就能赢得客户，没有也不需要与单一的客户进行太多互动。

而大客户销售，特别是涉及解决方案的销售行为，如同一场拳击比赛，你和对手是一对一较量，必须考虑他如何出拳、自己如何应对。也就是说，你的销售流程和动作要和客户充分互动。

因此，我们不仅要了解大客户的购买流程，还要根据购买流程设计我们的销售流程，两者要同频。

二、大客户与小客户购买行为的区别

假如我是一名打印机销售人员，面对的客户一个是路边小店，需要的是一台喷墨打印机；另一个是国内拥有一千多家分店的零售企业，需要统一采购打印机及全国联网的打印系统，而且对于信息安全性及公司打印费用控制的要求非常高。

这两个客户孰大孰小一目了然，而客户大小不同、订单体量不同、要求不同，其购买行为自然不同，销售人员的销售方式也会随之有很大差异。我们用表2-1所示来说明。

表2-1　大客户与小客户购买行为的区别

小客户	大客户
决策流程短，涉及人员少	决策流程长，涉及人员多
决策失误带来的风险小	决策失误带来的风险大
购买的需求单一且明确	购买的需求复杂且需要专业的意见
更注卖方产品和服务本身	更看重卖方解决方案带来的实际价值
销售人员带来的是短期价值且不明显	销售人员带来的是长期价值且很明显
产品和服务带来的价值很容易被看到	产品和服务带来的价值不容易被看到

根据大小客户购买行为的差异，销售行为也会有所不同，如表2-2所示。

表2-2　针对大客户与小客户销售行为的区别

小客户	大客户
速战速决，推动客户快速决策	打持久战，欲速则不达
卖的是标准产品和价格	卖的是解决方案并需要价值量化
不考虑客户个性化需求，仅提供标准产品和服务	了解并澄清客户的需求，再提供标准产品或解决方案
向客户说清楚产品和服务的特征和优点	向客户说清楚产品和服务能带来的价值
销售人员仅在售前阶段接触客户	销售人员在售前、售中、售后要密切接触客户

从以上两张表的对比能够看到，大客户与小客户的购买行为有明显的区别，而这些区别正是我们研究并制定大客户销售流程与方法的基础。

三、大客户购买流程及相应的销售流程

在这里讲一个我自己买房的故事。

刚结婚的时候，我买了第一套房子，两室一厅，70多平方米，和太太两个人住，挺宽敞的。

可是当孩子快五岁的时候，因为马上要上小学，需要一个独立的房间，而且岳父、岳母也住在一起。这时候我感觉房子不够住了，还没有学区，必须换一个大一点、有学区的房子——这是发现问题阶段。

接着我的购买流程进入了第二个阶段——确定需求阶段。我和太太商量了购房的标准：至少三室一厅；要有一个不错的学区；生活、交通便利；价格在300万元以内。然后找中介，我们要对他们提供的房源（也可以说是方案）进行评估，这是方案评估阶段。

确定购买之前，要求中介对于所选中的房源进行风险评估：房子是不是有抵押、是不是存在纠纷等。这个阶段就是购买流程的风险评估阶段。签订合同以后，三方再一起办理贷款、过户、交房等事宜，这是合同执行阶段，最后房屋交接完成。

房子对于一个家庭来说是大件商品，需要与卖方充分互动，这个购买过程会出现非常明显的五个阶段：发现问题阶段、确定需求阶段、方案评估阶段、风险评估阶段、合同执行阶段。

同理，当客户在进行大订单购买的时候，同样会经历**发现问题、确定需求、方案评估、风险评估、合同执行**五个阶段。作为销售人员，我们的销售流程会分为**客户接触、需求挖掘、影响决策、顾虑排除、方案交付**五个阶段，其相互对应关系如图2-1所示。

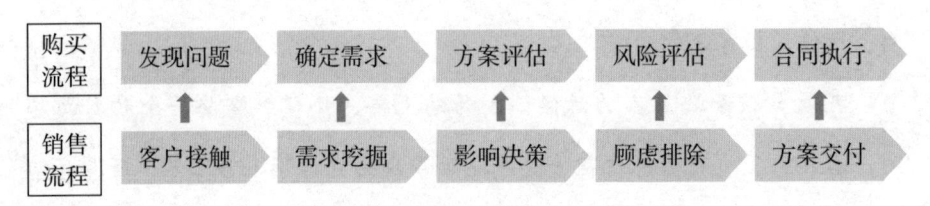

购买流程	发现问题	确定需求	方案评估	风险评估	合同执行
销售流程	客户接触	需求挖掘	影响决策	顾虑排除	方案交付

图2-1　购买流程与销售流程

一家服饰行业头部企业A一直以来没有涉足电商，但随着线上渠道的蓬勃发展，感觉自己再不做电商就真的落伍了，于是很快成立了电商部门，却发现原来服务于线下门店的物流体系无法支撑线上渠道——发现问题。

总裁办公会决定要尽快选择2~3家线上渠道物流服务商，基本要求是：必须具备2C的仓储、配送服务能力；有服务大型电商店铺的成功案例；有服务大型服饰行业客户的成功案例。这是在确定需求。

接着，A公司联系了几家口碑不错的电商物流企业，请大家针对性地提供解决方案，这就进入了方案评估阶段。而这几家口碑不错的电商物流企业中有一家B公司，其销售人员一直和A公司保持着联系，因为这个销售人员非常了解行业，他判断A企业迟早要走线上渠道这条路，于是前期就不断地向A公司的物流负责人提供一些电商物流方面的信息——客户接触。果然，A公司的物流负责人第一时间想到了他，并请B公司参与方案设计。

在方案评估过程中，由于B公司提前了解了A公司的销售模式和未来的电商渠道发展方向，设计出来的物流方案非常适合B公司的实际情况。而且有不少A公司没有考虑到的问题，B公司不仅提出来还给予了较好的解决办法——影响决策。

但让A公司顾虑的一点是，B物流公司相对于其他竞争者公司规模较小，而A公司的鞋服产品货值较高、SKU较多。他们担心一旦仓库货物出问题，B公司无力承担；电商渠道大促时（如双11、618等）B公司无力应对——风险评估。

这时候，B公司递交了事先准备好的仓库等级标准、保险合同、大促期间运营质量报告，以及几家已有客户的反馈与评价，并且邀请A公司参观仓储环境等，及时打消了客户的顾虑——顾虑排除，最终顺利与A签订了业务合同。

"拿下业务"只是开始，在客户的**合同执行**阶段，也就是B公司的**方案交付**阶段，是最容易出问题的阶段，因为双方处在磨合期，而且A公司内部绝对不会都是B公司的支持者，如果出现的问题不能及时解决，会严重影响下一步的业务开拓。

这时候，销售人员首先需要预防这些问题的出现，一旦出现问题，就要与交付团队充分配合、快速处理，这样才能顺利度过这个最危险的阶段，才有资本继续和客户谈下一步扩大业务范围。

在整个过程中，**困难之处不是如何设计销售流程，而是如何准确地判断客户的购买流程进展到哪个阶段，我们应该与之匹配何种销售流程与动作**。我们常说一句话："**正确的销售，就是在正确的时间找到正确的人、做正确的事。**"如果判断错误导致匹配错位，进而做出不恰当的动作，"丢单"也就是自然而然的事。

比如在上述案例中的"评估风险"阶段，A公司担心的是B公司的实力，因此对于合作表现出"顾虑"。而对于这种"顾虑"，甲方很多时候并不愿意直接透露给乙方。如果B公司没有意识到这个阶段客户最担心的是

"风险",反倒做出来"降价"的动作以推进合作,预期的效果能达到吗?很多销售人员和销售管理者就在做这种"误操作"!

四、大客户购买流程每个阶段的关注点

要准确判断客户的购买流程在哪一个阶段,我们首先要搞清楚客户在这个阶段的关注点是什么,这是判断的依据,也是匹配销售流程与销售动作的依据。

拿"买房子"这个案例予以说明。

第一,在"发现问题"阶段,"房子确实不够住了,还没有学区"是我面临的问题。这时候我关注的是如何解决这个问题,谁能够帮助我解决这个问题。正是因为我有了这些"关注",才会做出"联系房屋中介""自己去寻找合适的小区"一系列购买行为。

第二,在"确定需求"阶段,我最关注的是"需求的标准",如房子必须满足至少三室一厅,要有一个不错的学位,生活、交通便利,价格在300万元以内四个条件,这也是我评判"解决方案"是否能够达到要求的标准。

在这些需求标准中,他们是有一个重要性排序的。例如,在我的心目中,买房子的四个标准排序如下:第一,要有一个不错的学区(这个关乎孩子的上学问题);第二,至少三室一厅(没有三室肯定不够住,但也可以是三室两厅,甚至四室);第三,价格在300万元以内(这个标准实际

上是有很大的空间的，比如碰上了很合适的房子，我咬咬牙把价格提到350万元也是有可能的）；第四，生活、交通便利，这个标准相对于以上三个标准的重要性要小很多，如果其他三个条件能够很好地满足，我愿意通过别的方式达到这个标准的要求，比如买一辆车代步。

作为销售人员，我们一定要通过与客户的沟通了解客户的需求到底是什么？产生这种需求背后的"问题"是什么？需求的标准是什么？这些标准是如何排序的？我们会在后文予以说明。

第三，在"方案评估"阶段，我最关注的是哪个中介提供的房源（方案）能够满足我的需求标准？如果没有一个方案能够满足全部标准，哪一个相对较好？如果都能够满足标准，谁的价格更低？

这时候，客户的主要关注点在于方案能否满足需求，能否达到标准。作为销售人员，我们要做的重点工作就是如何把自身的能力在方案中给予充分展示。**如果方案不能够满足客户的需求，我们如何通过影响客户的需求标准或者其重要性排序来达到影响客户决策的目的。**

比如在买房子的时候，我原来的标准是三室一厅一卫，而一个中介手头的房源只有两套三室一厅两卫的房子，但是他说服了我，让我认识到两个卫生间对于一个五口人的家庭是何等重要，于是我在后面看房时甚至把"两个卫生间"作为必备条件，他成功地影响了我的需求标准。对于如何影响客户的决策相关案例在后文会重点说明。

第四，"风险评估"阶段是在客户决策前的最后一个阶段，这个阶段客户最关注的是"风险"。例如，现在是不是一定要做决策？如果不改变是不是更好？要选择的这家供应商实力到底如何？供应商所说的方案到底能不能落地？如果这个方案交付不成功会不会影响自己的职业前途？等等。

正如我在买房"评估风险"阶段发生的一个小插曲，我同时看中了两套房源，各方面条件都差不多，其中一套房子比另一套便宜了10万元，我自然会选择这套便宜的。结果，签合同之前，我们打算约房东最后确认一次，但约了几次都没有约到房东，最后才搞清楚，她根本就没有同意出售这套房子。在这种"风险"存在的情况下，房子的价格再低我也不敢买。

王明是一家CRM系统设计公司的销售人员，最近在参与一个日用品头部商家的招标，这笔单子金额达到2000万元，小王的公司从上到下都非常重视。

这一天，董事长专门把小王叫到办公室，告诉他这两天和他一起去拜访那家日用品企业的老板，把业务往前推进一下，想尽一切办法拿下订单。

董事长能这么关注，小王非常高兴。这天总算约到了对方的老板，没想到的是，见面以后，日用品公司的老板直接提出再降价10%，并明确表示如果不能降就没有办法合作。这下把小王搞蒙了，上次来拜访，他们的采购经理还对价格很满意，怎么突然变了呢？

回到公司后，董事长没有怪小王，而是把销售副总叫过来商议这件事。最后，大家一致认为这个单子比较大，而且这家日用品企业的发展速度很快，有下一步开发的潜力，决定按照客户的要求降价！小王非常感激老板的支持，第二天一早就把这个消息告诉了对方。

最终的结果很遗憾，客户选择了竞争对手。

生意不成情意在，小王还是把这家日用品公司的一个内部人士约出来吃饭，内部人士告诉小王："有人透露消息给我们老板，说你们准备退出日用品行业，全部转型主攻服饰和化工行业，这样谁敢用你们啊！那可是全公司做系统更换，到时候系统售后没人管，这风险谁敢扛？"

小王听到这里傻眼了，因为日用品行业竞争过于激烈，做ERP系统无利可图，有一段时间公司确实打算放弃，但那是一年前的事了！"我们价格都降成那样了，还不行吗？"小王不甘心地问。"你们不降还好，这一降我们老板认为你们急于得到业务，是不是现金流出现了问题，更不敢用你们了。"

在业务成交的最后阶段，单子越大，客户越会考虑风险，而且客户对风险的考虑常常以"压价"的形式表现出来，这就让销售人员难以捉摸。如何辨别客户是不是担心风险？担心哪些风险？如何尽可能地消除客户对风险的顾虑？我们将在后面章节重点讲述。

第五，在"合同执行"阶段，客户关注的是方案能否真正落地，是不是能够达到销售人员承诺的水平。

在之前的客户购买阶段，我们已经给客户打造了一个很好的"愿景"，他的期望值维持在较高的水平，如果实际落地效果和期望值差距很大，不仅会造成客户的不满，更严重的是会失去客户的信任。更有甚者，如果这个客户是一个行业头部客户,"好事不出门,坏事传千里",我们可能会失去整个行业。

不管是我们给客户提供一个新的产品还是一个新的服务,解决方案越复杂,客户接受起来越困难,适应期就越长,而原来竞争对手提供的产品或者服务再不好,大家已经适应了它。

不愿意适应新的事物或者环境是人的天性,用挑剔的眼光看待新的产品和服务也无可厚非,更何况客户方本就有很多"反对者"。

所以,在"合同执行"阶段,销售人员更要打起百倍的精神,怀着十二分的小心,千万不能做甩手掌柜,认为合同签下来就万事大吉,剩下的事就是交付团队了。如果这样做,最后吞下苦果的只能是自己。

在我们确定怎么"卖"之前,要先了解客户怎么"买",而且在每个购买阶段,客户都有自己的关注点,我们只有准确判断客户所处的购买流程阶段及这个阶段的重点,才能让我们的销售动作更精确、销售流程更高效。

五、为什么"搞定"客户越来越难

我买房子那个故事还有后续:几年之后,我的岳父、岳母打算回湖南老家居住,因为原来的老房子确实太旧,而且没有电梯,我们决定给老人买一套两居室。但是,我和太太实在没时间专门去湖南老家看房子,让老人自己选又不放心,于是我的太太充分发挥了互联网的作用,她先是在地图上选择老房子周边合适的小区,然后通过房屋中介网站一个个看房源,碰到自己喜欢的还能用AI看房。

不仅如此，为了降低风险，她还通过老同学打听这些小区物业的口碑和实际情况。最后，选择了满足条件的三套住房。这时，她才电话联系房屋中介人员，在打电话的时候，我听到有些中介想给她介绍其他的房源，被她不客气地拒绝："不用看其他的，你就带我看这套房子就可以了！"最后，她利用一个周末，飞到湖南老家，两天的时间买下了其中一套房子。

在这套房子的购买过程中，我们能够看到，作为一个被联系的房屋中介销售人员，他接触我太太的时候，购买流程实际上已经到了"方案评估"阶段。

这就是现在客户正在发生的变化：在互联网高度发达的今天，客户获得信息的手段越来越多，他们在与卖方销售联系之前实际上已经通过各种方式了解了卖方，甚至对卖方提供的产品、服务或解决方案进行了初步评估。

因为客户提前做了这些工作，他在心理上会有一种"我很了解你们"的优越感，表现出来"按照我说的做就行了"，那种感觉也就不难理解了。

如果客户已经完成了对我们公司、产品、服务的了解，希望见面的时候马上进入评估方案阶段甚至直接签署合同，而销售人员还要让他们从头再来一遍，客户自然不乐意。站在乙方销售人员的角度看，则是"客户越来越难搞定了"。

我们再看看下面这个案例：

小王是一家物流企业的大客户销售，接到当地一个互联网企业采购部经理的电话，希望他第二天来公司谈一下业务合作，而且透露可能和CEO直接见面。

小王高兴坏了，他关注这个客户很长时间了，一直没找到突破口，没想到天上掉了馅饼，他也没有再细问，直接答应按时赴约。

第二天，小王信心满满地来到客户会议室，他刚介绍完自己，CEO就说话了："王经理，我们对贵司已经有了初步的了解，我也问过同行几家公司的老板，他们对你们的服务反馈都不错。您应该也对这个行业和我们这家公司有一些了解，就直接说一下能为我们做什么吧，甚至您直接谈合同的细节都可以！"

小王欣喜的同时有点犯傻："第一次拜访不应该介绍下公司吗？我只准备了公司介绍和一些行业成功案例啊！对于怎么服务还没有概念啊！"最后小王还是硬着头皮介绍了公司的整体情况，结果那位CEO听了不到一半就不耐烦了，直接打断了小王并再次让他说一下如何服务本公司……结果可想而知，小王错过了这次给予客户好感并有可能快速签单的机会。

是这个客户要求高吗？还是说这个CEO完全不按套路出牌？都不是，是小王没有跟上这位互联网企业CEO的节奏，没能和客户的购买阶段保持同频。

当然，小王也可以把客户的购买阶段拉回"发现问题"，毕竟还没有做需求调研，对客户问题还不清楚，但如果小王能够在拜访之前和客户的采购部经理好好聊一下，有意识地了解客户所处的购买阶段和关注点，相信这次见面能够取得更好的效果。

从以上两个案例可以看出，**客户在不断变化，我们要意识到这一点并与之相适应**。

在接触客户的时候一定要清楚地了解客户处于哪个购买阶段，这个阶段客户的关注点是什么，然后做出相应的销售动作，保持与客户同频。

六、销售流程各阶段的关键动作

我们在上文讨论过，大客户的购买流程可以分为"发现问题""确定需求""方案评估""风险评估""合同执行"五个阶段，而与之相对应的销售流程会分为"客户接触""需求挖掘""影响决策""顾虑排除""方案交付"五个阶段，我们也了解了在购买流程的五个阶段的关注点会是什么。

如同一个小伙在追求自己心仪的女孩，他了解了女孩子找男朋友一般会经历的几个阶段，也从这个女孩的闺蜜那里打听到她还没有喜欢的男孩子，下一步要做的事情一定是抓紧时间行动。这个行动可以是约她出来吃顿饭、看场电影，或者直接送上一束鲜花。但若他选择的是直接拉别人的手，这个行为就有些鲁莽了。

销售人员同样如此，**了解客户的购买阶段之后，在相对应的销售阶段，我们需要有相应的销售动作**。

第一,"客户接触"阶段,最主要的是解决如何能触达客户,客户为什么愿意与我们接触等问题。其中,关键动作包括个人品牌打造(这里我们暂不讨论公司品牌形象打造的问题)、专业形象展现、专业见解提供、客户信息掌握、客户拜访会谈等。**此阶段最重要的目标是通过自身专业形象的打造取得客户的信任,获得进一步接触客户的机会**。

第二,"需求挖掘"阶段,关键的动作有:一是了解并澄清客户需求,在大客户销售过程中,由于业务的复杂性,很多时候客户并不能认识到或者说清楚自身的真实需求;二是分析客户"需求"背后存在的"问题","需求"和"问题"存在很大区别,我们在后文会和大家详细探讨;三是确定客户需求的标准及其重要性排序。

第三,"影响决策"阶段,这时候客户购买处于"方案评估"阶段,也是销售人员对于客户的决策施加影响的关键阶段。在这个阶段,我们首先要搞清楚客户的决策标准,通过提问方式让客户知道"用我们的产品和服务有什么好处""不用我们的产品和服务会有什么损失",并用"成功故事"为客户描绘"愿景",用"失败故事"增强客户购买的"迫切性"。

第四,"顾虑排除"阶段,客户最担心的是"风险",我们的关键动作是从价值量化、内外部协同等方面证明自己的方案值得客户采纳,进而减少客户的"顾虑",具体如何做,在本书第七章给予详细阐述。

另外,我们还要考虑如何证明竞争对手不如我们。比如我们如何恰当地评论竞争对手而又不给自己的形象减分,如何设计我们的"成功故事"和"失败故事"等。

第五,"方案交付"阶段,很多销售人员认为都到了方案交付阶段了,应该是运营部门的事情了,自己可以松口气了,殊不知这个阶段反倒是充满"危机"的阶段。

我们的关键动作,一是要维护好与客户的关系,因为磨合期一定是问题最多的,处理不好就会彻底失去客户的信任,而且客户企业中可能还有不少人等着看你的笑话,这是"危"。二是通过客户的日常沟通和关系的维护挖掘更多的业务机会,其中关键的一点是一旦我们的工作做得好,就能够拔高下一次客户的决策标准,对我们类似业务的中标打下很好的基础,这都是"机"。

是"危"还是"机",关键是我们的动作做得是否到位。

七、销售动作的灵活性

在和大客户打交道的时候,事情往往比我们预料得复杂,因为你会发现有太多的人参与购买评估,根据高德纳咨询公司的数据,如今B2B解决方案的特定购买群体常常会涉及6—10个决策者。

客户组织中的不同角色在评估的不同时期会不断地参与和退出。

比如在这个阶段是采购部门决定你能不能进"供应商资源池",到了下一个阶段决定用谁是技术部门说了算。同时,业务部门作为使用方也需要参与进来。等到老板做决定的时候,你会发现他可能还处于"确定需求"的阶段。

由此可知，根据参与评估和选择过程的利益相关者的不同，一个销售商机可能同时处于多个销售流程阶段。

我们面对的购买流程不是线性的，而是复杂的、多变的，甚至会不断地循环。

作为大客户销售人员，首先要认识到这种复杂性、多变性，进而设定并掌握销售流程及相应的关键动作，正如华为任正非提出的：**先僵化、再固化、后优化**。

八、我们为什么需要销售流程

福特汽车通过流水装配线使得大规模作业代替传统个体手工制作的案例大家都耳熟能详，制造一台汽车再也不是靠一个师傅的天分和能力，而是通过普通工人流程化的作业生产出高质量的汽车。

对于一个销售组织来说也是如此，我们的业绩不能只靠几个"天才"销售支撑，而是要**通过销售流程的打造，让普通的销售同样达到销售高手的水平**。

一个好的销售流程就像一个导航，他能够告诉销售人员从挖掘客户需求到方案交付一步步应该做什么，而对于销售管理者来说，我们可以按照销售流程每个阶段要做的动作给予销售人员以培训、辅导和督促。

这就是我们需要根据客户的购买流程制定销售流程的现实意义，也是我们让销售行为从"艺术"走向"科学"的基础。

本章关键点总结

（1）正确的销售，就是在正确的时间找到正确的人做正确的事。

（2）设计自己的销售流程之前，要知晓客户购买会遵循什么样的流程。

（3）对于大客户，我们的销售流程和动作要和客户充分地互动。

（4）客户大小不同、订单体量不同、要求不同，其购买行为特点自然不同，与之相对应的销售方式也会有很大差异。

（5）大客户购买流程分为五个阶段，分别是发现问题、确定需求、方案评估、风险评估、合同执行。

（6）客户在购买流程不同阶段的关注点是不同的。

（7）我们的销售流程分为客户接触、需求挖掘、影响决策、顾虑排除、方案交付五个阶段。

（8）销售流程和动作必须和客户的购买流程保持同频。

（9）客户是在不断进化的。

（10）我们要认识到购买流程的复杂性、多变性，进而设定并掌握销售流程及相应的关键动作，先僵化、再固化、后优化。

第三章
每个销售阶段都要为客户创造价值

一、做价值的"传递者"还是"创造者"

试想一个情景：有一天早上醒来，你感觉头痛、鼻塞、流鼻涕，像是感冒了。到了一家药店，店员给你拿了一盒感冒冲剂。结果吃了两天没有任何效果，而且头痛愈加严重，还伴随有发烧、咳嗽、胸闷，没办法，只能去医院找大夫。这位大夫很认真，给你做了各项检查，诊断结果是重感冒引起了肺炎，开了专门治疗肺炎的药，并嘱咐你要在家卧床休息，慢慢地，你的病情开始好转。

看病的过程，我们姑且把药店的店员和医院的医生都看作"销售人员"，他们同样是把药品"销售"给你，你认为哪个"销售人员"为你创造的价值大？

显然是那位医生。因为他利用自己的专业经验找到了病因，给出适合的治疗方案，让你的身体康复，他是价值的"创造者"。

而那位药店店员，他做了自己的本职工作，只不过更多的是作为价值"传递者"出现，你获得的价值来自产品——感冒冲剂，虽然没有治好你的病。

在实际的销售场景中，同样会遇到类似的情况，我们来看一个真实的销售案例。

两个不同空调厂家的销售人员甲和乙同时向一套别墅的主人推销中央空调。别墅已经有了百年的历史，三十多个房间，甲和乙都非常看重这单生意，在谈价格的时候男主人负责谈判，女主人在旁边不怎么说话。男主人的谈判重点都放在"压价"上，而女主人最关心一个问题："中央空调安装的时候会不会破坏墙壁？"

甲谈了一轮以后直接跑回去申请价格，而乙谈完之后围着别墅转了好几圈才回去，他回到公司不是先去找经理要折扣，而是找安装技术部门……

最终，乙赢得了这个订单，原因是他提供了一套对于别墅墙壁没有任何破坏的安装方案，而且乙给出的价格比甲高出了20%。

请问别墅的主人为什么愿意多付20%？

因为乙为他们创造了价值——一个不破坏别墅墙壁的安装方案。

作为一名大客户销售，在销售的过程中，我们要时刻想着怎样帮助客户创造价值，而不仅仅是把自己的产品和服务告诉客户，或者像很多传统销售人员认为的那样，只有给客户一个低的价格才算是给客户创造价值，如果以那种方式做销售，我们很快就会被淘汰。

"面对面销售"是成本最高的一种销售方式，随着互联网技术的快速进步，各种线上沟通方式的兴起，**仅仅会"传递"而不懂"创造"价值的面对面销售人员很快会被替代。**

如果我们想成为价值的创造者，首先要有创造价值的思维。也就是说，你要先想，想到了才有可能去做。

当然，这里只是说"有可能"去做，因为"创造"价值要比"传递"价值难得多，需要销售人员思考得多，从某个方面也可以认为**"创造价值"更多的是脑力劳动，"传递价值"更多的是体力劳动。**

仅仅是想到要创造价值、愿意去创造价值还不够，我们要有创造价值的能力，如同我们在上面案例中提到的"医生"和"销售乙"一样，要成为所在领域的"专家"。

二、你是客户眼中的专家吗

为什么销售约客户见面很难？原因很简单，他认为见你没有价值，甚至还可能有风险。

要不然，为什么他有病去看医生的时候跑得很快，医生问的问题都是有问必答，医生开的药从不讨价还价呢？

因为他有求于医生，他相信医生是这方面的专家，他认为医生能够帮助他解决问题、治愈病痛。

销售人员能向"白衣天使"学习哪些东西呢？

（一）成为问题咨询专家

上文说过，客户购买流程最初阶段是"发现问题"，在这个阶段客户最关注的是谁能够帮助他解决问题，而销售流程处在"客户接触"阶段，最主要的是解决我们如何触达客户的问题。此阶段最重要的目的是通过自身的专业形象得到客户的信任，获得进一步接触客户的机会。

我有一个同学，研究生毕业工作几年后就离职开始从事保险销售工作。可能是因为我自己眼界问题，一直对保险销售人员有些许偏见，我不理解，也不愿意和他打交道。

我的同学也从来不会向我们推销保险，只是经常在同学群、朋友圈里发保险产品的信息，我没有购买的打算，也没有留意。

直到有一天，我的父亲因车祸出了意外，当我去报保险理赔的时候才发现自己给父亲买的保险是大病险，竟然没有包含意外险，这时我才感觉到自己买的保险乱七八糟、完全没有规划，心想如果能有一个人帮我做一个全家人的保险计划多好，于是我想到了那个同学。

最后，根据他的方案，我在这家保险公司购买了全家人的保险。有一次，我忍不住问他："是不是还需要经常到处推销保险啊？"他笑了笑说："基本是熟人找过来的，现在的客户同学就有100多个了"

从这件事能够看出来，**如果你要获得高质量的客户线索，最关键的是**

让客户自己找上门。

为什么客户会找上门来？因为他遇到问题时能想到你，想到你是这方面的专业人士，找你能够获得建议、获得价值。

这就是我们在"客户接触"阶段成为"问题咨询专家"的意义。同时，这个专家的角色会一直保持到客户的"确定需求"阶段，在这两个阶段，客户希望有一些懂行的人能够不断地给予意见。

（二）成为解决问题专家

成功地接触客户后，客户逐步明确了自身存在的问题与需求，我们也通过拜访、提问等方式了解了客户目前面临的真实问题，客户的购买阶段由"确定需求"逐步转向"方案评估"。在这个阶段，客户会有一个非常关键的动作：确定需求的标准及其重要性排序。

举个例子，我的一部手机使用了大概两年的时间，虽然没出什么毛病，但我还是会在电商平台上浏览一下品牌手机，看看有什么最新款、有什么新的功能。这时候，对于选择买哪款手机，我还没有一个明确标准。

最近我发现手机运行速度越来越慢，拍照也不清晰，准备换一个手机。这时候我对选择的标准还比较模糊，能想到的是找一款像素高一些、运行速度快一些。

接着，我在平台上有目的地浏览，对几款觉得还不错的手机进行比较。在比较的过程中，我会和线上的客服聊这些手机的功能，看看它们之间到底有什么差别，逐步形成选择标准。

有一次，我和一家店铺的客服人员聊到我想买一部像素高一些的手机，他没有直接给我推荐自己家像素最高的那一款，而是先问我主要在什么时候使用手机拍照，我回答日常旅游，开会或者培训的时候拍屏幕上的字。他接着问我拍这些照片的主要用途等。

最后这位客服给我推荐了一款1000万像素的手机，而且告诉我这种像素水平完全能够满足我的要求，再高的像素就是浪费了。后面他说了不少专业术语，我虽然点诧异，但是我相信他的分析，因为我认为他是对的，他给了我一个专家型的解决方案，而我买手机的决策标准之一——"1000万像素"也满足了。

在客户决策标准形成，以及开始进行方案评估的时候，我们是能够影响客户决策标准的，而"是否能够影响客户的标准"是决定客户最后会不会选择我们的关键一步。

怎样才能影响客户的决策标准呢？

你要对自己的差异化能力和客户的需求有足够的了解，同时，要成为客户眼中解决问题的专家。

（三）成为价值创造专家

先说一个大客户开发的例子：在一个炎热的夏日，一家制造公司的总经理张先生遇到了一个难题。他的公司需要更换一批效率低下的空调系统，但市场上空调品牌繁多，让他无从下手。他需要一个值得信赖的销售专家来为他解决这个问题。

第三章 每个销售阶段都要为客户创造价值

这时,他想起来在一个展会上加了一位空调销售李小姐的微信,于是决定先向她咨询一下。李小姐与张先生进行了深入的沟通,了解了他的需求和公司的实际情况。随后,李小姐向张先生展示了不同品牌空调的性能、特点和价格,并针对他的需求提供了一份详细的建议书。

在购买阶段,李小姐向张先生详细介绍了产品的优势,如高效节能、低噪音、长寿命等,并为他提供了多个购买方案。她还向张先生分享了一些行业案例和客户反馈,让他更加了解产品的质量和性能。最终,张先生被李小姐的专业知识和热情服务打动,决定选择与她合作。

在产品交付阶段,李小姐为张先生提供了全面的产品质量和性能测试服务。确保每一台空调都符合张先生的要求,并协助他完成了安装和调试工作。在这个过程中,李小姐还提供了一些实用的建议,如优化空调布局、调整温度设置等,帮助张先生更好地了解空调的性能。

在售后阶段,李小姐为张先生提供了全方位的服务支持。她安排了专业的技术人员进行定期维护和检修,确保空调系统的正常运行。此外,她还提供了24小时在线客服,随时解答张先生的问题,解除了他的后顾之忧。

以上是一个典型的大客户开发案例,我们能看到销售员李小姐在整个客户购买阶段都在为客户创造价值,客户很满意,整个购买进程进展得很顺利。

如果希望客户按照我们的意愿进行购买,整个流程不失控,时时刻刻都要让客户体会到我们的价值,正所谓"**价值是沟通的前提,信任是交易**

的保证",优秀的销售人员往往会"**只谈价值,不论买卖**",因为没有"价值",一切无从谈起。

如果我们想要为客户创造价值,并且能够让这个价值正好在客户需要的时候给他,就要**对客户的下一步购买行为进行预测**,如同练武之人判断对手动作的口诀——"出拳肩先动,出腿胯先移",销售高手能通过与客户的沟通准确地判断客户的下一步动作,进而更好地为客户提供服务、创造价值。

三、通过"顾问式"销售向客户展示价值

你刚升职,请部门同事到一个平常自己都不舍得去的饭店吃饭,着装优雅的服务员小姐拿着华丽的菜单让你点菜,可你也不熟悉这里的菜品,怎么办?你对服务员说:"有什么特色菜推荐一下!"

于是,这位可爱又有礼貌的服务员小姐开始从菜单的第一页向你推荐:"这是我们店最拿手的黑松露刺身,这是我们刚空运过来的野生红星斑……"相信还没推荐到青菜的时候你的脸已经绿得像青菜了,可惜服务员小姐根本就没看你的脸色和你那紧皱的双眉,还继续向你推荐和抢钱差不多的高级鲜榨水果汁……

再看另一类服务员的反应,你对服务员说:"有什么特色菜推荐一下!"

她先问一句:"各位有什么忌口的吗?"在确认没有之后再问:"先生是在这儿点,还是在旁边沙发上点?"到了旁边沙发上之后,会边观察你

的反应边向你推荐鸡鱼肉蛋、生猛海鲜，最后还不忘说一句："先生，菜差不多够吃了，咱们别浪费，不够再点。"

同样是服务员，你更认可哪一个？相信一定是第二个！**因为第一个服务员是"推销员"，她的目的就是让你买得更多；而第二个服务员是"顾问"，她的目的是让你买得更值。**

这也是"推销式销售"与"顾问式销售"的本质区别之一。

我们总是说推销，要注意：销售不是"推"出来的，是"帮"出来的，**客户都喜欢购买，但没人喜欢被推销。**

我们来看看"推销式"销售与"顾问式"销售的区别（如表3-1所示）。

表3-1　顾问式销售VS推销式销售

顾问式销售	推销式销售
把"增加客户的利润"作为卖点	把"产品的优点"作为卖点
让客户知道购买自己的产品是增加投资	让客户认为购买自己的产品是增加成本
更多地了解客户及客户所在的行业	更多地了解自己的产品及产品优势
提供客户没有想到的见解	了解客户已有的信息
帮助客户打赢竞争对手	请客户帮助打赢自己的竞争对手
给客户的销售负责人施加影响	给客户的采购负责人施加影响
客户通常按照行业进行划分	客户通常按照区域进行划分

当然，这里并不是在评价"顾问式销售"与"推销式销售"哪个更好，"顾问式销售"与"推销式销售"作为两种不同的销售方式并没有好坏之分。公司不同、产品不同、面向的客户群体不同，采取的销售模式自

然不同。

"顾问式"销售模式更适合复杂产品、定制化方案、决策更复杂的大客户销售，这一类型的客户更看重销售人员的专业性。

一天，销售小张过来兴冲冲地对我说："领导，这次拜访A公司的效果很好，客户终于同意给我们试单了！"我听了非常高兴："你真厉害啊！这么难啃的骨头都啃下来了！"

"我哪有那么厉害，是咱们新来的解决方案专员小王的功劳。"小张赶紧补充说。

原来，我们最近招聘了一名专门做3C行业仓储配送解决方案的专员，他原来在一家3C头部企业的供应链部门负责运营工作，这次小张拉上他一起去拜访另一家3C企业，目的是先拿下这家公司的配送业务。小张跟了这个客户很长时间，但对方一直对我们的专业能力有顾虑。没想到，这次带上小王和客户见面，小王把这家企业面临的问题、将来这些问题可能带来的不良后果，以及问题解决后可以带来的收益说得头头是道，有些问题和收益是客户都没有想到的。更难得的是，小王表现得很谦逊，完全是以互相探讨、帮客户解决问题的态度与客户交流。

客户供应链部门的负责人对我们的专业能力和初步解决方案很认可，当即同意先试运行几单看看效果，还希望小张和小王能够定期与他们团队进行沟通。

客户都希望眼前的销售人员是顾问型的销售，但对于一个销售人员来说，要从"推销型"转向"顾问型"必须先完成思维方式的转变。

（一）将"价格成本"思维转变成"价值投资"思维

价格是一种成本，对客户而言，它是负值，支付得越少越好。而投资暗示着收益，投资的收益是正值。为了获得相应的价值回报，客户会相对大方地投入资金。

如同让一个人买一块20万元的手表，如果你只是向他推销手表，他一定跟你讨价还价。但是，你如果有足够的证据证明这块手表是限量版的，买了以后不仅不会贬值，每年还会有大约15%的升值，相信他掏钱的时候一定不会这么迟疑。

当清楚了解你的产品能够给客户带来的实际价值，再和客户谈业务就会有一种"送"钱而不是"要"钱的心态，我们把注意力放在跟客户聊"用了这个产品会带来什么好处""不用我们的产品可能带来什么损失"。

当成为我们说"专家"以后，你所说的这些"好处"和"损失"很可能是客户还没有意识到的。当然，也有可能他早就知道，只是故意不说，这样才好压价。

20世纪80年代初，硅谷的创业公司Silicon Graphics（SGI）向日本计算机公司NEC出售了一项三维图像处理技术。这项技术能够让计算机产生逼真的三维图像，使计算机显示更加接近现实世界。

SGI公司一直致力于将这项技术应用于计算机图形领域，并取得了显著的进展。然而，公司规模较小，资金有限，SGI公司也没有看清这项技术广阔的市场前景。于是，他们将这项技术以很低的价格出售给一家大型计算机公司NEC。

NEC公司是当时日本最大的计算机制造商之一，他们一直在努力开发更加先进的技术，以保持其在市场上的领先地位。当NEC公司了解到SGI公司的技术后，他们认为这项技术可以给他们的产品带来巨大的优势，决定购买这项技术。当然，NEC的谈判专家不会去说这项技术能够给自己带来什么。

NEC公司购买这项技术后，将其应用于计算机产品，并成功地将这项技术推广到更广泛的市场。他们的产品在市场上获得了巨大的成功，并成为计算机图形领域的领导者。

换个角度看，如果SGI公司能够看到并讲出NEC公司将来能够获得的价值，肯定能把公司卖一个更好的价格。

"顾问式"销售的目标之一就是让双方都能更多地关注产品的"价值"而不是"价格"。

另外，成为顾问型销售还有一个好处，就是能够更顺畅地与客户的高层对话，因为高层看得更远，他们更看重问题背后带来的损失，以及解决问题之后未来的收益。

（二）把产品给予客户的价值进行量化

正如一句老话所说："无利不起早。"商业活动中的每个人都是逐利的，这是基本的商业规律。

顾问式销售要考虑如何将产品优势货币化。

很多销售人员会向客户说明自己产品的特点和优势，比如交付时间更短、性能更稳定和操作更加简便等，不能跟客户说到这里就完了，这些特点和优势带来的利益是什么，这些利益通过数字如何体现。说白了，就是**这些特点和优势能够让客户省多少钱或者赚多少钱，要具体体现出来**。

假设你是一名太阳能电池板的销售人员，你的产品优势在于高效能和长寿命。然而，这些优势可能对于潜在客户来说并不够具体或直观。因此，你需要将这些优势转化为实际的货币价值。

你可以向客户这样描述："如果您的仓库使用我们的太阳能电池板，那么在接下来的20年里，您可以节省高达50%的电费，按照每度电1元钱计算，每年能省下来的费用是××元。

"同时，我们的产品效能比普通太阳能电池板高20%，这是权威部门出具的检测报告，您可以作为参考。

"这意味着您在每单位电量上花费的钱不仅比传统电力少得多，也比您使用普通太阳能电池板少得多。按照您目前的5000平方米仓库面积计算，每平方米每年大约能够节省××元。

"另外，太阳能电池板产生的电还可以用来给您的叉车、新能源货车充电等。"

在顾问式销售过程当中，我们不仅要给客户算清账，更要让客户提供原始数据自己算，这样算出来的结果才更有说服力。

（三）从"提升客户竞争优势"的角度展现产品价值

我们有竞争对手，客户同样有着自己的竞争对手，作为一个顾问式销售，要从"如何提升客户竞争优势"这个角度去思考问题，去展现价值。

因为我们给客户提供的价值最终要转化为客户自身的竞争优势，让他们能够领先于自己的竞争对手，服务好自己的客户，获得更多的利润。

在购买过程中，客户希望看到的是能够"想他所想，急他所急"的顾问，而不是一心只想着把产品卖出去的推销员。

客户在这方面非常敏感，一眼就看得出来你有没有真心在为他着想。所以，销售人员一定不要耍小聪明。

做大生意就要有大智慧，而先利他后利己，先想着为客户创造价值，再想着让自己完成业绩就是销售人员的大智慧。

四、"需求-价值循环"——从"需求挖掘"到"价值创造"

一个成功的销售过程本质上就是一个从"需求挖掘"到"价值创造"，再到"需求挖掘"的过程（如图3-1所示），这个过程在大客户开发中表现得尤为明显。

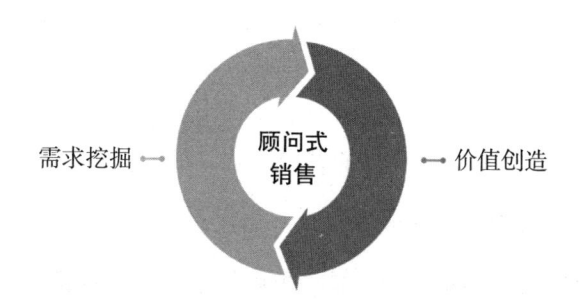

图3-1 "需求—价值循环"

我们从客户一个很小的需求开始介入，通过价值创造满足客户这个小需求。在这个过程中，我们再发现客户新的需求，然后通过创造新的价值再去满足，如此循环下去，我们在客户业务中所占的份额越来越大，或者伴随着客户的成长共同把"蛋糕"做大。

销售员在这中间起着至关重要的作用，他是公司与客户联系的纽带，也是完成需求与价值循环的催化剂，而能不能做一个"顾问式销售"是这个催化剂能否起作用的关键。

恰如一个资深销售员说过的一句话：**"销售过程如同一台戏，而销售人员则是这台戏的导演。"**

本章关键点总结

（1）仅仅会"传递"而不懂得"创造"价值的面对面销售人员很快会被替代掉。

（2）"创造价值"更多的是脑力劳动，"传递价值"更多的是体力劳动。

（3）成为客户眼中的"问题咨询专家""解决问题专家"与"价值创造专家"。

（4）如果你要想获得高质量的客户线索，最关键的是让客户找上门来。

（5）在客户决策标准形成，以及开始进行方案评估的时候，我们是能够影响客户的决策标准的，而"是否能够影响客户的标准"是决定客户最后会不会选择我们的关键一步。

（6）高明的销售"只谈价值，不谈买卖"。

（7）价值是沟通的前提，信任是交易的保证。

（8）客户都喜欢购买，但没人喜欢被推销。

（9）"顾问式"销售的目标之一就是让双方都能够更多地关注产品的"价值"，而不是"价格"。

（10）先想着为客户创造价值，再想着让自己完成业绩是销售人员的大智慧。

（11）销售过程如同一台戏，而销售人员则是这台戏的导演。

第四章
"发现问题" VS "客户接触"

第四章 "发现问题"VS"客户接触"

从本章开始,我们将具体讨论每一个销售流程需要做的关键销售动作是什么,以及这些关键动作如何达到最佳的效果。

上文说过,在客户购买流程中的"发现问题"阶段,与之相对应的销售流程是"客户接触",而能够让客户在购买流程初期愿意与我们接触的关键因素是销售人员要成为"问题咨询专家"。具体应该怎样做呢?

一、通过"微营销"接触客户

正如微信公众号平台的广告语所说:"再小的个体,也有自己的品牌。"作为一个销售人员,最大的悲哀莫过于客户不知道你的存在,不认可你的"品牌"。

在这里先说一下"微营销"的概念:微营销是传统营销与现代网络营销的结合体,是以移动互联网作为主要沟通平台,通过微博、微信等应用,配合传统网络媒体和大众媒体,通过可管理的、线上线下的沟通,以此建立和强化与顾客的关系,实现顾客价值的一系列过程。

当今的社交媒体为销售人员提供了许多"微营销"的途径，让他们能够迅速成长为受买方信任的专家。特别是随着抖音、快手等短视频平台的迅速兴起，"微营销"的渠道和方式更是层出不穷。

（一）微营销的方法

微营销的方法多种多样，目的无非是"建立和强化与客户之间的关系，实现客户价值"，而对于大客户销售来说，你要影响的客户群体并不大，而且这个群体里的人很可能会出现在同一个展会上，甚至同一个微信群里。

有些大型公司往往会自己组织一些行业论坛或者沙龙，把已有的和潜在的客户请过来，甚至晚宴的时候干脆和客户一起拉一个抽奖群或者发红包群，大客户销售十有八九也能进入这个群里，这些都是我们做微营销的"阵地"。

你可能会说："我每天拜访客户，谁有时间做这些事呢？"那就专门腾出时间，把原本花费在低效事务上的精力投到这些更现代、更有效的事情上。

实际上，很多时候客户更希望你打个电话聊两句，看看你发的文章或者视频，而不是看你跑到办公室里喋喋不休。

销售人员可以把一些花费在挖掘潜在客户上的时间重新分配来运营自己的社交媒体，后者的回报将会更大。

那么，有哪些方法能高效地扩大自己的知名度，打造个人或团队专业形象呢？

- 经营自己的微信朋友圈、公众号、视频号等。
- 在客户关注的媒体上发表文章或观点。
- 转发公司的文章。
- 转发行业内的文章。
- 成为公司广告中的业务对接人。
- 组织或参加行业展会、研讨会等。

通过微营销打造专业形象的方式很多，关键是看我们有没有用心运营。

（二）微营销的流程

先看一个案例：快到年底了，ABC物流公司负责酒水行业线的大客户销售经理张涛一直在琢磨怎么能够和客户一起聚聚。但是，如果只是在一起吃饭，估计没几个人来。

于是，他叫下属几个销售人员头脑风暴一下。有的说去旅游，有的说一起踢球，他感觉都不太靠谱，最后有一个销售提议："干脆开一个研讨会得了，开完会再去吃饭、喝酒。"

张涛觉得这是一个最不动脑子的提议，没好气地回了他一句："那你说研讨啥啊？""研讨怎么改善酒水包装、降低破损率呗！和客户一见面他们就问我这些事。"那个销售说了自己的想法。

这句话给张涛提了一个醒，在"降低酒水产品物流破损率"这一点上，ABC物流公司是有发言权的，他们的运营团队在这方面积累了不少经验，张涛团队手头也有不少成功的客户案例。

于是，这个小型客户见面会的形式和主题就定了下来——"酒水行业如何降低供应链环节中的破损率"研讨会。

研讨会上，张涛他们邀请的20位酒水企业供应链负责人悉数到场，现场讨论刚开始比较冷清，大家都想先听别人家是怎么做的。

直到张涛介绍ABC公司在酒水运输中降低破损的经验时，有一家酒厂的供应链负责人说自己家的包装设计最适合物流运输，其他家纷纷表示不屑，气氛才开始热烈起来。

晚上吃饭的时候，张涛没敢用他们中的任何一家的酒，买了四箱别的省出产的白酒招待大家，一场对这家白酒品牌包装的评判又开始了……

会后，张涛带着销售人员一家家拜访来参会但还没有合作的商家。从那天的研讨会聊起，大家都对会议和ABC公司做的一些降低行业破损率的尝试非常认可，同时答应尽快和ABC公司试合作几单看看效果……

通过这个案例，我们来看看"微营销"的流程：

第一，确定目标：规划需要重点突破的客群，确定需要达到的目的。

第二，观察与研究：找到这个客群普遍的痛点并确定微营销的主题。

第三，社交并参与：积极通过各种社交活动进入目标客群，扩大影响。

第四，创建需求：快速跟进，让目标客户的问题转化为需求。

（三）微营销的内容

微营销的目标是打造销售个人或团队的专家形象，要达到这个目标，最好的方式莫过于告诉客户你在专业领域有什么样的"成功故事"。

有一天，我正在公司开会，一个大客户A公司的供应链总监Linda打电话过来，下面是我和她的对话：

Linda："李总，有件事需要您帮忙！"

我："有什么要我做的尽管吩咐！"

Linda："昨天我们和瑞士总部开了一个会，总部要求在某年之前把所有物流环节的塑料制品降为零，我们要尽快拿一个方案出来。"

我："为什么会有这个要求呢？"

Linda："总部加入了某保护联盟，同时承诺降低碳排放，要求在某年之前实现100%的包装可循环利用或可重复使用，先从物流环节'无塑、无废'开始。"

我："明白了，您这边有什么计划？"

Linda："我想咱们是不是能成立一个项目小组，然后……"

后来，我们和这个客户一起成立了一个10人的项目小组，一个月之后拿出了详细的解决方案，而且整体增加的物流运输成本没超过5%，客户总部非常满意，为此还获得了一个很有分量的奖项。

当然，作为一个物流公司的销售团队，我们也不能白白付出，通过这个方案的快速落地，我们又拿到了这个客户业务份额另外的10%。这件事做完以后，我们的销售部和公关部一起起草了一份公关稿，在经过客户方审核之后，大家开始发朋友圈，而我的任务是提醒公司与业务相关的几位副总裁转发这个公关稿。

不出所料，上午发出去之后，还没到下午两点，B公司（我们的另一家大客户——A公司在全球最大的竞争对手）的供应链总监Tony的电话就打过来了。

Tony："我们老板看到你们的朋友圈了，那个降塑项目是你们和A公司一起做的吗？"

我："是啊！我们……"（我把这个"成功故事"给他讲了一遍。）

Tony："兄弟，你怎么不早说你们能做这件事啊！我们现在手头每年有1亿元的环保项目资金，正愁着没项目做！赶快想办法，咱们一起合作。"

后来我们又通过和B公司的环保项目合作拿到了他们不少其他物流业务。

其中，"成功故事"作为宣传的核心内容起到了关键作用。

借助这个案例，我们一起来看看如何打造"成功故事"的架构和内容。我当时是这么讲这个成功故事的：

第一，先说客户需求：A公司的Linda（因为Tony和Linda本来就比较熟，所以我就直接说了名字，读者讲自己的成功故事时可以换成职位）前段时间说她有件着急的事，瑞士总部要求她尽快出一个物流环节的降塑方案。

第二，原因：因为瑞士总部加入了某保护联盟，承诺降低碳排放，要求在某年之前实现100%的包装可循环利用或可重复使用。

第三，提供的能力：我们一起成立了一个项目组，一个月之内给出了解决方案。

第四，结果：瑞士总部非常满意，为此还获得了一个很有分量的奖项。

设计内容时有三点需要注意：

第一，不要具体讲你的能力或者解决方案，要把客户的胃口吊起来，让他主动来问你。

第二，要注意隐掉客户的保密信息。为了激发兴趣，你通常会把这种成功故事讲给客户的同行听，所以敏感信息的保密工作要做好，不该讲的不能讲。

第三，尽量不要把一个小公司作为成功故事的主角讲给一个大公司听。正所谓"同行相轻"，如果你的听众发现你讲的是一个比他规模小很多的同行，他多半不愿意听下去，如果确实只有小公司的成功故事，那就干脆不要说是哪家客户。

我们要在"口袋"里多备上几个"成功故事"，最好能够**按照案例所在行业的不同、针对问题类型的不同进行分类，打造成功故事**。需要的时候随时都能够讲出来，别忘了，它不是冷冰冰的案例，而是一个个精彩的故事，**没有人喜欢被说教，但没有人不喜欢听故事**。

在我们与客户接触的过程中，无论是非正式的还是正式的场合都可以随手拈来。用好了，它们就是销售进行微营销的一把把利器。

我再给大家讲一个运用"成功故事"的故事：

有一次在广州建材博览会上，我作为物流行业的代表在大会上做了40分钟的演讲，演讲的主题是"家居建材行业物流破损率的控制"。在演讲中，我说了一个关于如何降低瓷砖破损的成功故事。

M公司是建材行业的头部企业，他们生产的瓷砖，尤其是一米以上的大砖深受消费者的欢迎，可是他们的物流负责人一直以来深受破损率居高不下的困扰。

原因是他们发现砖越大越容易破损，而且破损的经常是每箱瓷砖最下面的一块，当顾客装修发现的时候再想补发已经来不及了，更麻烦的是，每一炉烧出来的瓷砖都有细微的颜色差别，顾客再想要和原来瓷砖一模一样的颜色难度很大，这造成了顾客大金额的索赔。

后来，我们对物流设备做了革新，并向M公司提供专门的大砖运输方案。

现在的破损率从原来的9%降到了1%，不仅大大解决了成本问题，而且把顾客对于瓷砖破损的投诉率从5%降到了0.3%。

我在这里完全没有提如何降低破损率，会后不少瓷砖的厂家和经销商跑来问我到底是怎么做到的？于是，我成功地激发了他们的兴趣，留下联系方式的同时，邀请他们有时间到我们的仓库参观，我再向他们详细展示。

结果，真有几家瓷砖厂家的供应链负责人来到我们的仓库现场参观，看了之后他们才恍然大悟，为我们的细心点赞。

实际上没有高精尖的技术革新，因为我们发现底部一块瓷砖破损的最主要原因是叉车在把整箱瓷砖叉起来的那一刻力道太大，而且瓷砖越大越容易破碎。但是，你又不可能要求每一个叉车司机都小心翼翼，特别是忙起来的时候。于是，我们给每一辆叉车的叉齿装上旧的轮胎皮，有了缓冲，瓷砖自然就不会碎了。当然，运输途中还有整套防破损措施，在这里就不细说了。

利用客户的好奇心、好胜心，通过"成功故事"激发客户的兴趣，能够让客户主动向你探询解决问题的办法，微营销的目的就达到了。

做"微营销"就像我们和客户聊天，不能谈论太多自己产品和服务的优点，否则就会让人觉得是"王婆卖瓜"。要利用自己的专业知识帮助客户解决问题，这样才能获得持久的关注，而这种"成功故事"就是这种"专业知识"的另一种体现方式。

二、抓住客户的潜在需求

大家都知道，非洲很多国家的人都是不穿鞋的，但从近几年的一些新闻镜头里能够看到，不少人都穿上了拖鞋，而且是那种夹板拖，很多拖鞋的款式让我们有一种亲切感。

这是因为大多数拖鞋来自一家华人企业——尼日利亚李氏集团，李氏集团创立于20世纪60年代，总部位于中国香港，20世纪90年代开始将香港地区当时最流行的搪瓷产品卖到非洲，并于西非尼日利亚开设了第一家工厂，而让李氏集团真正在非洲发家的竟然是当时没有人看好的"拖鞋"产业，当时非洲人民很多还不知道"鞋"为何物，更别提买鞋穿了。

但李氏集团的创始人李文龙先生却敏锐地发现这个"潜在需求"，时至今日，李氏集团已经占据非洲塑料拖鞋销售60%的市场份额，在尼日利亚占据95%以上份额，是非洲四大华企之一，有非洲"拖鞋大王"之称，而且产业已经涉足制造业、物流、房地产和金融服务等领域。

当客户的一个需求明确了以后，大家都能看到，你再去争抢自然失去了先机。如果这个需求还没有变成明确的需求，你已经有所察觉。而且有意识地挖掘这种需求，在竞争中就能快人一步。

就像上文所说的"张涛组织酒水行业研讨会"的案例，在这个研讨会之后，张涛带领团队拜访客户，实际上有不少客户还是没有"物流环节降低破损率"这个明确需求的。有的是因为毛利还能支撑，有的是因为管理还不够精细化、没有精力去管，但大家实际上都有这个潜在的需求，谁不想降成本、多赚钱，而且听张涛说几个头部客户已经这样做了，更提升了他们的紧迫感。

于是，"物流环节降低破损率"，将客户的潜在需求变成明确需求，张涛团队获得了更多的业务。

（一）潜在需求VS明确需求

在购买过程中，只有客户的"明确需求"才能变成你的业务机会，"潜在需求"则不能。

大家有没有发现，我们在刚开始与客户接触的过程中，客户会对自己的现状有诸多抱怨。比如你是一个CRM系统的销售，在拜访客户销售负责人的时候，他认为自己公司目前在销售人员管理上有不少问题：销售人员整体素质偏低、招聘渠道单一、有很多销售不进行线索备案、销售人员线索的转化率比较低、管理者没有工具对销售人员进行辅导等。

以上都是客户面临的问题，而这些"问题"会转化为"需求"，但这些需求大多数都是"潜在需求"，只有当客户说出来"我们今年需要购买一套CRM系统来解决销售线索备案和线索的流转监控问题"的时候，它具备了**明确的购买目标、明确的购买时间、明确要解决的问题**，才能称"需要购买一套CRM系统"为"明确需求"，这才是我们要抓住的线索，而其他的"潜在需求"要慢慢挖掘和培养，不能把重点和顺序搞错了。

这是因为当一个需求在潜在阶段，它离购买行为的发生还有很长一段距离，这可能是因为客户的预算问题，也可能是客户的决策层没有感觉到问题的存在，或者认为这个问题解决取得的价值不能抵消投入的成本等，这种情况在大客户的购买决策中表现得尤为明显。

因此，作为销售人员，我们在与客户接触的时候一定要分清楚哪些是"明确需求"，哪些是"潜在需求"：**抓住客户的明确需求把它转化成业务线索；挖掘客户的潜在需求，把它变成明确需求。**这样才能有的放矢，把时间和精力用在"刀刃"上。

新手销售拜访客户后往往信心满满，感觉客户说的问题和需求都是自己的机会，好像很快就能产生订单。

而老销售拜访回来感觉这个客户暂时没戏，不是因为老销售更悲观，而是他能够分清楚两种需求。

分不清这两种需求的销售人员往往会劳而无功，变成"陪跑"。

我们聊一下大客户业务拓展中"陪跑"这件事。

（二）为什么"陪跑"的总是你

不少销售人员在业务跟进了一段时间或者投完标后，独自在那里哀叹："这次又陪跑啦！"

当然，"陪跑"分为两种：一种是"主动陪跑"，目的是锻炼自己，"愉悦"客户；另一种是"陪跑但不自知"，满心欢喜地和客户沟通交流，最后发现客户早就心有所属，自己竹篮打水一场空。

作为大客户销售，在业务拓展过程中"陪跑"的情况在所难免，很多客户已经有了中意的供应商，但是为了招标的时候合规，或者为了在老板那里说得过去、给现有供应商一点压力等原因，会拉上几个供应商来"陪跑"。

客户在招标过程中会有一些公司来"陪标"，最终选择自己意向的供应商，这不算新鲜事，某种程度上也可以理解。因为一个项目到了招标阶段的时候，客户的购买流程进入"方案评估"阶段，在这个阶段客户最关注的是什么？风险！而有招标就会有发生意外的可能性，作为采购负责人，面对这么重要的标的，你敢冒这种"意外"带来的风险吗？

那么，如何判断自己是不是"陪跑"呢？

1.关系不错的客户会直接跟你说

比如在一次投标前，客户采购部中的一个兄弟告诉我："这次你们就走个过场吧，这块业务你们的占比已经超过50%，不可能再给你们了，有时间忙点别的，报个价得了，千万别瞎搅和啊！"这种情况下，我们就不再投入精力了，意思一下就行。

2. 客户找到你的时候直接要报价或者方案

如果这是一个比较复杂的项目，客户给你打电话的时候不是和你聊需求，而是让你直接给他报一个价格，或者根据他的要求提供一套方案，这时候八成是已经有了意向明确的供应商，拉你做陪跑，就是最后比较一下，验证自己的选择是否正确。

这里为什么说"八成"？因为有一种可能的情况是，报上去的供应商及方案被大老板退了回来，觉着你还不错，拿你来应急，这种情况算是天上掉馅饼，一定要接住。

怎么知道这次是不是天上掉馅饼呢？直接问他："×总，这方案要得也太急了，这么短的时间哪里搞得定啊？您就告诉我到底是干啥用的，好不好？"

3. 客户在和你聊的时候总是在问你这些问题

这种产品或服务有吗？碰到这种问题你们如何处理？你们的产品/服务与市场上的同类产品相比有何优点？这说明客户心中已经有了一个明确的选择标准，而且已经有了一个标杆供应商，问这些问题是想看一看我们的产品或服务差异点在哪里。

这种情况下，如果我们的产品或服务确实有独到之处，而且给客户带来的利益能让其眼前一亮，就还有"翻盘"的机会。如果你发现客户在敷衍，就说明基本上没戏了。

当然，判断自己是不是在"陪跑"还有多种途径，但很重要的一点就

是：这个项目你没有从"挖掘需求"这个阶段开始跟进。而且当开始接触客户的时候你发现他已经有了那种胸有成竹，处处以他的意见为主的感觉，那么大概率可以确定你是来陪跑的。

既然"陪跑"这么令人讨厌，怎样才能尽量不陪跑？

和成为"陪跑"的销售人员相反，有一种销售人员很让人羡慕，就像我原来部门的大客户销售小刘，当我问起一个大客户的投标有没有把握的时候，他非常自信地告诉我："放心吧！领导，客户的这次招标文件都是我们帮着做的，其中的技术要求就是根据咱们做的方案定的。"听了这句话，我心里的石头落了地。

小刘有底气说出这句话，自然是因为他在客户"发现问题"和"确定需求"阶段就已经和客户有了深度的沟通，才有资格去和客户共同制定决策。

因此，**如果我们希望自己陪跑的机会更少一些，最好的办法是提早介入客户的购买流程，让客户在购买的初期阶段就想到我们、认可我们的专业度**，这恰恰也是"微营销"的目的。

如果意识到自己是"陪标"该怎么办呢？

先说一个案例：一天，销售小王对销售经理老王说："领导，×客户下个月招标，业务还是会交给原来用的那一家，咱们这次铁定是陪跑，随便报个价格得了。"

你要是老王，你会怎么回答他？

答应他？既然是陪跑，就不要花太多精力了。或者是臭骂他一顿，让他好好回去准备报价。

结果，老王是这么说的："如果确定是陪跑，我们就不要花太大精力，但是价格要认真报，我们要搅一下局，不能让竞争对手拿得这么轻松！"

老王这么说的道理有三个：

第一，有些标我们确实知道中不了，就是一个"陪跑"，但是同样要认真参与，万一"肯定"中标的那一家出问题了呢？在投标过程中"捡漏"的案例还是有不少的。

第二，即使知道自己中不了，也要想办法去搅局。比如报一个自己接受范围内的最低价。你这次让竞争对手赢得太轻松，他就有更多的精力和利润空间在下一次竞争中和你死磕，如果他在这个标的上挣不到钱，下一次竞标他就要好好琢磨琢磨，你的压力也就小一些。

第三，要让客户看到我们的态度，即使是"陪跑"，也要做一个认真的"陪跑"。

老王的做法虽然值得商榷，特别是"低价搅局"的做法，往往会产生"伤敌一千，自损八百"的后果，但是商场如战场，有些打法我们可以不用，但不能不防。

三、差异化能力

上文中我们说了在客户"发现问题"阶段，销售人员需要进行"客户接触"，其中"微营销"是我们制造客户接触机会非常重要的方式之一。

不管通过什么方式获得了客户接触机会，我们都有一个最关键的东西要提前准备，那就是差异化能力。也就是说，你到底有没有"两把刷子"，能够给客户提供什么与众不同的产品或服务、为客户带来什么价值。

苹果公司于2007年推出了第一款iPhone智能手机，开启了触摸屏技术的新时代。然而，当时这款创新性的产品在推出以后，并没有很快被消费者认可。

在那个时代，大家的手机使用的都是键盘，对于这种全新的一体化、触摸屏的设计很陌生。

尽管苹果公司在产品推出前进行了大量的市场宣传和教育工作，虽然消费者对于这种全新的触摸屏技术感觉很酷、很新奇，但还是不愿意尝试，再加上价格不菲，真正购买的人没有多少。

随着时间的推移，人们开始逐渐认识到这种触摸屏技术的优势。它不仅使用起来更加方便快捷，而且外观大方，给人一种高端、时尚的感觉。同时，随着苹果公司不断推出新的产品，如iPad、iPod等，人们也逐渐习惯了这种操作方式。而"触摸屏技术"也成为苹果的核心竞争力。

这个差异化的核心竞争力为苹果公司带来了高额的利润。此外，由于苹果公司的产品具有独特的用户体验，用户也愿意为苹果公司的产品支付更高的价格。

高额的利润和广阔的市场前景引来了强大的竞争对手，如三星、诺基亚等。这些竞争对手在触摸屏技术方面投入了大量资源和研发力量，推出了多款触摸屏手机，与苹果展开了激烈的竞争。

如今，触摸屏技术已经成了智能手机的标配之一，市场上几乎所有的智能手机都采用了这种技术。

但随着人工智能技术的不断发展，如语音识别技术、脑机接口技术、光场技术等，这些更加先进、更加便捷的交互方式会逐步替代触摸屏技术。

（一）"差异化"能力分析模型

我们通过一张图看一下苹果"触摸屏"技术产品的转变过程（如图4-1所示）。

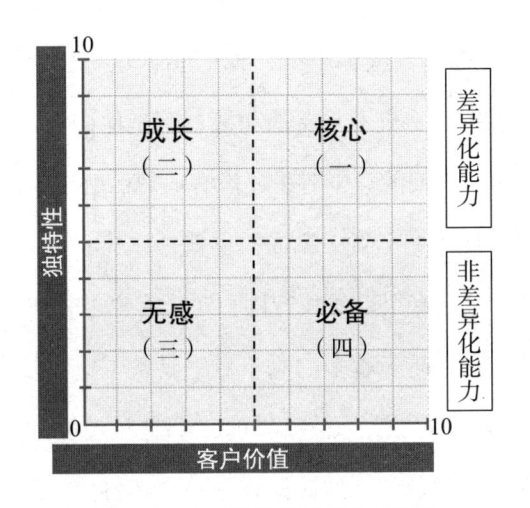

图4-1　差异化能力分析模型

我们通过"独特性"和"客户价值"两个维度来建立一个四象限图，"独特性"按照从0到10分为十个等级，"客户价值"同样按照从0到10分为十个等级，其中在第一、第二象限中的能力称为"差异化"能力，第三、第四象限为"非差异化"能力。

先从第二个象限看起，如果一项能力落在这个象限中，它表示的意思是此能力具备较高的"独特性"，但是对于客户价值不大。客户会觉得你的这个产品或者服务挺酷，但是作用较小，这个象限我们称为"成长"象限，所对应的能力称为"成长型"能力。

触摸屏技术刚诞生的时候就处于这个象限，消费者觉得这个技术很有意思、很好玩，但是让消费者花大价钱购买，不愿意！因为消费者认为手中的按键手机完全能够满足需求，没有购买的价值。

随着技术的不断完善，以及市场推广的不断渗透，越来越多的消费者开始接触并使用苹果的触摸屏手机，他们感觉这种手机比按键式手机好用，能够解锁很多按键手机不具备的功能，于是他们喜欢上甚至再也离不开这种手机。同时，其他的竞争对手还没有成熟的触摸屏技术。

这时，触摸屏技术处于第一象限，也就是"核心型"能力象限。处在这个象限的能力不仅具有很高的独特性，对于客户也有非常高的价值。

随着时间的推移，越来越多的竞争对手具备了这项技术，而且消费者心智中已经认为手机就应该是触摸屏的，不是触摸屏的手机那还是手机吗？现在的触摸屏技术走到了第四象限——"必备型"能力象限，在这个象限中的能力对于客户的价值很大，但是独特性不够，可替代性较强。

最后，随着新的技术的突破和应用，触摸屏技术也会像手机按键技术一样，逐步走向第三象限——"无感型"能力象限。这个象限中的能力，顾客会认为有没有都无所谓，他们既不具备很好的独特性也没有太高的客户价值。

苹果手机的触摸屏技术能力转变的示意图如图4-2所示。

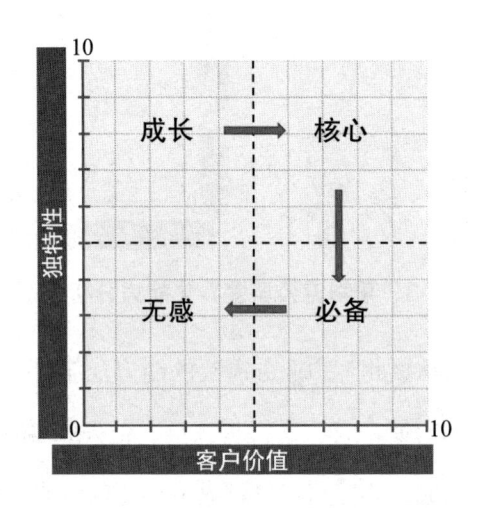

图4-2　触摸屏技术能力转变示意图

从以上分析能够看出来，这项技术给苹果公司带来的竞争力和利润最大的时候在哪里？在"核心型"能力的阶段。

那么，假设我是一个大客户销售，所在的公司具备多种能力——产品和服务，现在我要打败我最强劲的某个竞争对手A公司，拿下某个大客户B的业务，我是不是可以通过这个模型找到自己的差异化能力呢？

以一家主营快递业务的物流公司为例，我要来分析针对于竞争对手A，如果要拿下服饰行业大客户B的仓储、配送物流业务，应该如何来分析自己的差异化竞争力（如图4-3）。

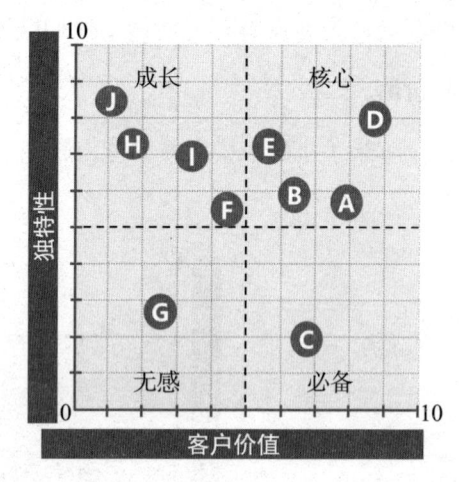

产品/服务列表	
A	时效快递
B	自有快递人员上楼服务
C	全国干线运输
D	服饰行业供应链一体化服务
E	服饰维修
F	包装解决方案
G	危险品运输服务
H	信息安全技术服务
I	低碳环保技术服务
J	无人配送解决方案

图4-3　某物流公司差异化能力分析模型

首先，我会把与承接此客户业务需要的能力全部列举出来。

举个例子，我部门原来有一个销售人员，他去和客户谈物流业务，结果物流业务还没有谈成，竟然和客户聊成了在商业用地方面的合作。

因为这个销售员知道集团下属有一个地产子公司，听到客户自己有拿地做物流地产的需求，经过他的牵线搭桥，地产子公司和这个客户达成了合作。后来，这个销售不仅做了这个客户的物流业务，还从子公司那里拿到了一笔不菲的奖励。

很多销售人员是做不到这一点的，因为他们对于自己公司的能力了解得不够全面，比如你所在的是一个集团性公司，公司里有很多业务板块，这些板块都是做什么的？他们的能力如何利用？这些如果不清楚，你不会把它们列举出来。

所以，**我们在列举自身能力的时候，思路一定要打开**，如果怕遗漏，可以问管理者。如果你是一位销售管理者，可以在这方面给下属的多做一些辅导。

我们在列举差异化能力的时候也要小心，因为你认为某种能力是一种差异化能力，客户未必认同。

有一次，我和销售员一起去一家日本汽车制造企业谈物流业务合作，这家企业需要将汽车零配件从天津用海运的方式运输至广州黄埔。我们的销售人员见到客户后，大聊自己公司的船舶运输是多么快、多么准，保证五天的时间从天津运到黄埔，前后保证不差三个小时等。

结果，那位日本企业的运输课长打断了他的话，说："实在不好意思，我们不能用这么快的船，我们需要的是天津到黄埔能航行七天的船，不能早到也不能晚到，就是七天……"我和销售人员听了都有点傻眼。

原来，这个客户采用的是JIT供应链管理模式，两头的生产线都不能有库存，他实际上要把我们的船当成自己的仓库，储备七天的库存。

结果，船跑得快反倒成了客户眼中的劣势，我们认为的"差异化"能力反倒在客户那里没有了价值。

因此，**我们在分析自己的差异化能力的时候一定要从客户的角度出发，千万不能犯了自以为是的毛病。**

可能有些读者说这个有点难，很难知道客户认为哪些能力有价值。没关系，我们先把自己已有的能力列举出来，试着站在客户的角度上思考，先保证没有遗漏，再慢慢分析。

（二）客户对于各项能力的态度

我们把各项能力通过"差异化"能力模型分析出来后，客户对于这四种能力会持什么样的态度呢？我们通过图4-4看一看。

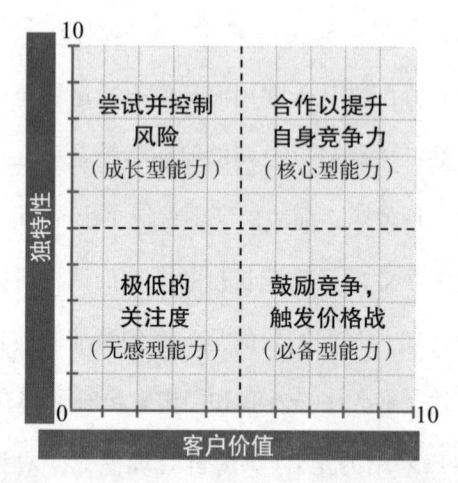

	尝试并控制风险 （成长型能力）	合作以提升自身竞争力 （核心型能力）
	极低的关注度 （无感型能力）	鼓励竞争，触发价格战 （必备型能力）

纵轴：独特性（0-10）　横轴：客户价值（0-10）

图4-4　客户对于四种能力会采取的态度

1.对待"成长型"能力

首先来看对于"成长型"能力的态度，一般的中小型客户会觉得很好奇，但通常只是了解一下。主要原因是认为这种能力暂时还不能产生较为明显的价值，属于锦上添花。

对于部分大客户，特别是一些行业头部客户，他们很愿意尝试一些新技术、新方案，一个原因是他们的预算相对充裕，另一个原因是他们希望在市场竞争中取得或维持住领先地位，对于供应商的先进产品或者服务，他们希望先尝试。

第四章 "发现问题" VS "客户接触"

这和买苹果的触摸屏手机是一个道理，如果顾客手头比较宽裕，很愿意买一个酷酷的手机彰显一下自己的经济地位，而对于这种买回来的新技术有可能是一个"坑"，他们会有一些心理准备，也具备相应的承受能力。

大客户也是一样，他会主动尝试你的新技术和新方案，对可能带来的风险也会有所准备和控制。

虽然如此，当我们向大客户推广新的产品或者服务的时候也要加倍小心，防止意外的产生影响双方以后的合作。

在这里讲一个小故事：有一天，销售小王兴冲冲地跑过来对我说："领导，咱们的大客户ABC科技公司准备发布一款新手机，全部用我们的快递服务，我想把咱们最新的快递产品'××达'推荐给他们，怎么样？"

"××达"是我们公司推出的一款高档快递产品，专人专车送货，对于快递小哥的身高、长相、话术都有严格的要求，一律黑西装、白手套，商品包装也会使用专门的黑红相间的包装，主要面向奢侈品厂家，让这些厂家的顾客在收到货的时候备感高端、大气、上档次。

"可以啊！别卖太多，产品还在试运行阶段。"我也觉得和客户的新品手机比较搭，没多想就同意了。

果然，客户听到这项服务之后也非常开心，当即确定对于前500名购买此手机的顾客提供这种高档次的快递服务。

新品发布之后第二天。

"兄弟，咱们那个××达被顾客投诉了！"ABC的供应链总监给我打电话。

原来，有一位顾客是个刚入伍的小伙子，从小由奶奶抚养大，入伍以后用第一个月的津贴给奶奶买了一部最新款ABC手机，恰好在前500名之内。

我们的"××达"快递小哥黑色的西装、白色的手套、捧着黑红相间的盒子上楼、敲门……

老太太打开门那一刻就昏了过去。

新品有风险，销售需谨慎。

2. 对待"核心型"能力

再来看对于"核心型"能力的态度，由于这部分能力对于客户的价值很高，而且在这方面，竞争对手不具备或者较弱，客户往往会非常愿意快速展开合作。

以图4-3中的能力项E——服饰维修作为例子，因为服饰行业在售卖的过程中会出现大量退货，而退货的商品绝大多数都不是因为破损、脏污等原因，而是因为尺码不对或者颜色不合适，商品退回来以后仅需要简单的处理就可以再次售卖。

这件事要是商家来做，就需要先退到自己仓库，处理好之后再送回物流仓库，这不仅增加成本还会大大拖延商品再次售卖的时间。

如果物流商能够在自己仓库里完成这个维修工作，则会大大降低成本、提升效率，进而增加客户的竞争能力。客户自然非常愿意和物流商尽快开展这方面的合作。

3. 对待"必备型"能力

这部分产品或服务是客户杀价的重灾区，原因是每家供应商都能做，做得质量差别也不大，而客户业务的主体部分很可能就在这一块。

站在客户的角度，想尽一切办法让供应商打"价格战"是他的最佳选择，而且客户在这方面也会下足功夫，他们对供应商的成本了解比供应商自己还清楚。

4. 对待"无感型"能力

客户在这方面不会投入多少关注度，比如上述案例中所说的物流公司能力G——危险品运输服务能力，因为服饰行业客户极少会用到这种服务，供应商是否具备这个能力客户不太关心。

不过，有一点大家要注意，我们在这里所说的四种差异化能力分析是针对某一个特定客户和竞争对手的，如果客户变了，或者对比的竞争对手不同，这个分析的模型不会变化，但里面的内容就会大相径庭。

例如，在物流公司那个案例中，能力J——无人配送解决方案，它现在对于竞争对手是一个"成长型"的能力，如果在疫情期间它就成了一个打败对手的"核心型"能力。

而"危险品运输服务能力"在这个案例中是"无感型"，如果你面对的是一个化工品客户，那它就可能会处于第一、第四象限。

因此，我们在运用这个工具的时候，不能大而化之地看公司的整体能力，要根据客户和竞争对手的不同做出相应的分析。

针对客户对这四种能力的不同态度，作为大客户销售应该做到如下几点：

（1）把关注点放在"核心型"和"成长型"能力

原因很简单，"核心型"能力能够让我们取得更多的竞争优势和利润，对客户的价值也最大。而"成长型"能力能够让我们源源不断地获得"核心型"能力。

这和手机厂商不断推出新的技术创新是一个道理，新的技术出来以后加大宣传力度，吸引消费者的注意，结果自然是先有一小部分人购买，然后这项技术逐渐成为其核心竞争力，甚至行业标准。

我们要把注意力重点放在通过"核心"能力满足客户需求，通过"成长型"能力创造客户需求。

集团下属有一家子公司是专门设计制造仓储智能设备的，有一天销售负责人和我聊："李总，在你们每次搞开仓仪式的时候，我们摆几台仓储智能设备可否？"

因为我们一旦和行业的大客户达成了仓储业务的合作，通常都会在仓库里举行一个隆重的开仓仪式，届时会把客户的高层请来参加。

这位销售负责人还给我们提出了一个要求，就是一定要请客户负责销售的高层来参加。开始我没答应他，直到他承诺一旦销售成功以后给我们分30%的利润。

原来，他们的设备比较先进，但是价格昂贵，如果只是给客户方的物流负责人看到，购买的可能性很小，因为物流部门是客户的成本部门，而且物流负责人的话语权比较小,销售部门的负责人则不同。

在随后的一场开仓仪式上,这家子公司放了两台智能贴标签的设备,作用是通过这些标签跟踪货物的去处,这样能够大大降低客户商品在经销商那里"窜货"(指的是分销网络中分公司、经销商、业务员受利益驱动,进行跨区销售的一种营销现象)的风险,一下就被客户的销售总监看中了,他们正在为经销商的窜货问题头痛不已,最后那位销售总监和物流总监一起向公司提出了购买申请。

我不仅得到了子公司的分成,而且把这些智能化设备作为我们仓库的"成长型"能力进行绑定销售,后来有些客户参观仓库的时候会先看这些设备,这些产品和服务逐渐变成我们的"核心型"能力。

(2)尽量避开在"必备型"能力领域的价格战

"必备型"能力象限,也是和竞争对手的价格战最焦灼的区域,有什么样的办法能够在一定程度上摆脱"价格战"的泥潭呢?

很多销售人员会选择通过提供"增值服务"加大产品的"独特性"和"客户价值",把自己的产品由"必备型"上升为"核心型",如同卖电器的公司提供上门安装、买茶叶的赠送茶具等。

但是,我们会发现,这种增值服务往往带来的是企业成本的上升,在这个过程中销售人员并没有创造价值,而是在转移价值,也就是把卖方的利润向买方转移。

当然,在这里绝对不是说一个公司通过提供增值服务获得差异化能力没有必要,而是说如果一个公司能够真正创造出自身和客户能够共享的价值，那是摆脱价格战泥潭最好的办法。

举个例子，我们在中医院开了中药以后，因为中药需要煎服，很多人嫌在家里煎药麻烦，又不愿意在医院等半天。一些快递公司为此推出"代煎中药寄送"业务，汤药煎好以后，快递员会过来取药并送到患者家里，通过这种方式快递公司进驻了一个个大型中医院。

这就是在精准把握客户痛点的基础上为物流企业、医院、患者三方创造了价值，一旦这家快递公司进驻此医院，后来竞争者就很难再打进来，也在很大程度上规避了价格战。

通过这种应用场景的创新把自己的能力从"必备型"提升为"核心型"，而不是仅仅在转移利润上面做文章。

当然，想完全避开"价格战"在现在的市场环境下越来越不可能，作为大客户销售，我们需要的是利用差异化能力模型的分析和应用尽可能地通过创造客户价值来提升利润，规避恶性竞争。

四、"核心型"能力的表述

假如你到了一个汽车展厅，打算买一辆家用的小轿车。一位看起来精明干练的销售人员开始向你介绍面前这款车："这款车有着卓越的操控性，驾驶起来非常稳定，过弯道时侧倾角度小，刹车响应迅速，让驾驶更加安全和舒适。特别省油，汽车搭载了节能发动机，配合智能启停技术，能够实现更低的油耗。车内空间宽敞舒适，后排座椅可以放倒增加载物空间。

而且这款车配备了智能互联、自动驾驶等先进科技配置，提供更加便捷、安全的驾驶体验……"

听这些介绍的时候，你脑子里想的是什么？是不是在考虑这个销售说了这么多，到底哪些对自己有用？

实际上，**客户从来不会关心你的产品或服务是什么，他们只关心你的产品和服务能给他带来什么。**

如果这个销售人员换一种做法，首先问清楚我买这款车主要做什么用途，我的回答是天津到北京跨城通勤使用，再来看看他怎么介绍这款车："先生，您来看看我们这款车，它特别适合在北方地区长途驾驶。首先，这款汽车的安全性能非常出色。它配备了先进的刹车系统和防抱死制动系统，可以有效地缩短刹车距离，提高车辆的制动性能。此外，汽车还配备了多种安全气囊和安全带，以及预警系统等，可以全方位保护车内乘客的安全。它还有一种非常先进的雪地模式，这种模式可以调整发动机的输出，使车轮在打滑时更容易控制，特别适合在北方的雨雪天气行驶。另外，这款汽车非常省油。它搭载了高性能的发动机和燃油喷射系统，可以有效地提高燃油利用率，降低油耗。这款车还采用了轻量化材料和空气动力学设计，百公里仅需要六个油，跑高速更省。此外，车内空间宽敞明亮，座椅特别舒服，可以有效地缓解长途驾驶的疲劳感，您可以坐着试一下……"

如果这样介绍，针对性地说出能够给你带来哪些好处，是不是效果会好很多？

因此，在描述"核心型"能力的时候，我们推荐一种**"特点—优势—**

利益"描述法。

首先，简要说出你的产品和服务的**特点**，如"它特别适合在北方地区长途驾驶"。其次，说出这个产品和服务有什么样的**优势**（安全性、省油、舒适度等），最重要的是讲清楚到底能够给客户带来的**利益**是什么。比如在北方的雨雪天气行驶更加安全；百公里仅需要六个油，跑高速更省；可以有效地缓解长途驾驶的疲劳感等。

正如销售管理大师尼尔·雷克汉姆在《销售巨人》一书中说的："以**产品能解决的问题为条件进行产品介绍**。"我们在描述"核心型"能力的时候，一定要注意要从客户的立场出发，站在能给客户带来什么"利益"的角度上进行表述。

五、销售对于"差异化"能力的推动

作为销售人员，尤其是大客户销售，**我们绝对不仅仅是"差异化能力"的推广者，更是它的推动者**。

因为我们最清楚客户的需求是什么，如果接触的是行业头部客户，他们的需求往往代表着一个行业的需求，甚至由于其领先地位，他们发现的问题和难点很可能行业绝大多数商家还没有察觉到，而这些商家一旦发展到一定阶段就会遇到同样的问题。

对于这些需求，我们运用公司已有的产品和服务可能无法满足，但它已经不是客户的"潜在需求"，而是迫切需要满足的"明确需求"。在这种情况下，我们要具备反推公司产品部门"差异化"能力打造及产品和服务优化的意识。这样才能达到销售与产品的良性互动，而最终受益的还是我们销售人员。

本章关键点总结

（1）"微营销"是通过线上线下的沟通，建立和强化与顾客间的关系，实现顾客价值的一系列过程。

（2）销售人员可以把一些花费在挖掘潜在客户上的时间重新分配来运营自己的社交媒体，后者的回报更大。

（3）"微营销"的流程：确定目标，观察与研究，社交并参与，创建需求。

（4）设计成功故事时要注意：不要具体讲你的能力或者解决方案，要把客户的胃口吊起来，让他主动来问你。要注意隐掉客户的保密信息。尽量不要把一个小公司作为成功故事的主角讲给一个大公司听。

（5）在购买过程中，只有客户的"明确需求"才能变成你的业务机会，"潜在需求"则不能。

（6）抓住客户的明确需求把它转化成业务线索，挖掘客户的潜在需求，把它变成明确需求。

（7）如果我们希望自己陪跑的机会少一些，最好的办法是提早介入客户的购买流程。

（8）通过"独特性"和"客户价值"两个维度来分析差异化能力，分为"核心型""成长型""必备型"和"无感型"四种。

（9）大客户销售要把注意力重点放在通过"核心"能力满足客户需求，通过"成长型"能力创造客户需求。

（10）销售绝对不仅仅是"差异化能力"的推广者，更应该是它的推动者。

第五章
"确定需求" VS "需求挖掘"

第五章 "确定需求"VS"需求挖掘"

在客户"发现问题"阶段,我们要通过"微营销"的方式进行客户接触,要写好、讲好"成功故事",了解自身"差异化能力"以及他们能够给客户带来的价值,为下一步的客户拜访做好准备。

当客户进入购买流程的第二阶段——"确定需求"阶段,销售的重点任务是"需求"的挖掘,找到这些"需求"背后的"问题"到底是什么,需要达到什么样的标准才能满足客户的需求?拜访前的准备工作有哪些?拜访过程中要注意什么?如何通过提问获得客户的认可和我们需要的信息?等等。这些是本章重点讨论的问题。

一、"需求"和"问题"的区别

一天晚上,张三的妻子突然感觉到自己肚子痛得厉害,猜测应该是中午在外面吃了一些烧烤,把肚子吃坏了,让张三赶快去买治拉肚子的药。

张三飞奔下楼买了好几种治疗肠胃炎的药,结果太太吃了不仅不见好转,肚子反而越发痛得厉害,到医院一检查,原来是急性阑尾炎,晚来一会儿可能会出大问题。

很多时候，我们的销售人员扮演的就是"张三"的角色。

客户提出一个需求，我们马上按照这个需求准备方案，费劲儿地把方案做完，再回去和客户沟通的时候，发现完全解决不了客户的问题。

原因就是我们没有把客户的"需求"和"问题"分清楚，对于张三来说，妻子的需求是"治疗拉肚子的药"，但她的实际问题是"急性阑尾炎"，张三的妻子提出的需求并不能解决她的问题。

很多情况下，我们的客户也是如此，**客户知道自己的需求是什么，但他的需求并不能解决自己的问题。**

有一次，客户张总给我打电话，他是一家知名服装品牌的供应链负责人。"明年我们计划在全国建五个仓库，五个仓发全国，这个方案总裁那边也点头了，帮我看看怎么做这个方案，算算成本。"

如果你接到这个电话，会怎么做？

一种反应是："没问题，张总，计划在哪五个城市设置仓库啊？"

另一种反应是："收到，张总，为什么突然计划在全国设五个仓库呢？原来咱们是一个仓库发全国啊！"

还好，我的反应是第二种。

原来，张总前段时间被总裁狠批了一顿，原因是到货不及时导致大量顾客投诉，尤其是在"双十一""618"这种大促的时候，顾客收到货的时间更长，造成大量退货，给公司带来不小的损失。这才是张总碰到的"问题"。

经过我们的团队测算以后，得出的结论是只需要在全国设立三个仓就能满足现在顾客的要求，比在全国设五个仓节省成本20%。

通过这个案例可以看出，由于大客户业务自身的复杂性，客户未必清楚到底如何能够解决问题，他所提出的需求往往会"治标不治本"，甚至方向都有可能是错的。

因此，**我们不能停留在客户的表面需求上，而要找出客户需求背后的"问题"，进而挖掘客户"真正的需求"**。这样做的原因有两个：一是如果你能够帮助客户找到真正的问题，你就会获得客户极大的信任；二是如果你不去找真正的问题，你的竞争对手就会去找到它。

能否根据客户的表面需求，通过"沟通"发现问题，进而确认或挖掘其真实需求，并让客户接受，这是判断一个大客户销售合格与否的重要标志。

而拜访是这种"沟通"最关键的一步。

二、客户拜访之拜访前

先讲一个发生在我身上的尴尬故事。

有一次我陪同公司的总裁去广州参加一个行业会议，恰好有一个大客户办公地点就在会场附近，客户负责人老李是我十几年的老朋友，虽然不经常见面，但每次见面都是喝茶，一点都不见外。

因为我们的总裁也是一个非常爽朗的人，而且这次时间比较赶，我提前跟老李说，这次就是让两位见见面、认认门，不用正式的团队介绍，就我们三个人聊聊天。老李也很高兴，说就在他的办公室喝茶。

到了以后，三个人坐定，我还是要介绍一下："李总，这是我的老板张总，这次正好来参加行业会议，顺便到您这里来坐坐……"刚说到这，我们总裁赶紧打断了我："哎！不是不是，不是顺便过来，是专程拜访，专程拜访！"

我尴尬到无地自容！

后面只剩下三个人的尴笑声……

为什么会出现这一幕？因为我没有认真准备这次拜访！

凡事预则立，不预则废。英语中也有类似的一句话：制订计划胜于计划本身（Plan is nothing, Planning is everything）。说的就是"计划"的重要性。那么我们到底怎样准备一次拜访呢？

（一）拜访目标

很多销售人员在拜访完以后，刚出客户公司大门，就想起来这个问题还没有问，那件事情还没有说，懊恼不已。

这就是拜访目标不清晰的表现。

第五章 "确定需求" VS "需求挖掘"

无论我们在什么情况下拜访客户,都必须有明确的拜访目标。例如,第一次拜访这个客户的时候,我需要了解清楚:

- 客户目前面临的问题是什么。
- 导致问题的原因。
- 问题是否迫切需要解决。
- 解决问题所需的能力。
- 客户所需的能力与我的产品和服务是否匹配。
- 客户是否已经有了解决问题的办法。
- 接触到的人是不是有决策权。
- 拜访结束后,下一步行动计划是什么。

在拜访客户前,我们可以把目标详细地列出来,写在自己的笔记本上,最好每个目标中间留出来4—5行的空白,用来写上你需要问的问题及记录客户的回答。

同时,千万不要忘记另一个"目标"——**客户接待我们的目标**。要好好想一想客户这次为什么会接待我们,现在每个人都是如此忙碌,尤其是甲方客户,即使他不忙,也不愿意见一个没有价值的乙方销售,对方答应见面,一定有自己要达到的目的。

因此,我们要把对方可能要达到的目标好好梳理一下,做到心中有数。

牢牢记住我们拜访的"目标"和客户接待我们的"目标",以终为始,再来准备相应的内容。

（二）拜访准备

大家还记得第一章我们介绍的那个"靠谱度"吗？说的是客户如何判断一个销售人员是不是靠谱，其中一个非常关键的点是"能力"，它包括"知识"和"技巧"，而"拜访"正是我们展示"能力"，体现自己是不是真"懂"客户的时候。

1.客户拜访准备表

我们说过，"知识"里面包括"知客户、知行业、知竞争对手、知自己"，下面我们用表5-1来说明拜访客户前要提前获知的信息。

表5-1　客户拜访准备表

客户名称	××		
客户概况	企业的发展历史，主打产品及服务，创始人或公司一把手核心经营理念及成功原因，企业愿景等		
行业概况	行业所处发展阶段，市场大小，增长速度，发展趋势，行业TOP商家等；客户目前已投入和未来计划投入的市场。		
客户竞对	客户及主要竞争对手的竞争策略、市场份额，竞争优劣势等		
财务状况	销售额、盈利情况、现金流、付款信用等相关财务状况		
决策人员	与我司目标业务相关的、参与决策的人员		
参会人员	参加本次拜访接待的客户方人员及情况		
核心需求	客户的采购需求，接待我司来访的目标		
我司	××		
拜访时间	具体到几时几分	拜访地点	具体到会议室地点
拜访人员	我司参与拜访人员名单	拜访目标	此次拜访的目的
已合作业务	客户已同我司合作的业务，如没有则写"无"	远期开发业务	除此次拜访目的之外，其他远期业务开发目标

续表

客户评价	客户对于已合作业务的评价,如没有则写"无"	竞对情况	针对此客户的目标业务,我司主要竞争对手情况
行业合作案例	我司在客户行业的成功案例(简要列举重点客户及类似业务)	材料准备	宣传册、产品说明书、PPT、宣传视频等

在第一章我们说了如何更好地了解客户信息、行业信息,在这里不再赘述。大家可以通过多种渠道包括客户网站、公告、媒体报道、市场上的一些APP等,在拜访前详细了解客户的相关信息,以免到了客户那里说一些外行话,甚至闹一些笑话。

有一次,我和部门的大客户销售小刘一起拜访一家知名的球鞋品牌公司,同行的还有技术部门的两位同事。没想到,刚进公司大门就被保安礼貌地拦了下来,指着我们技术部两位同事的鞋说:"实在不好意思,这两位的鞋不行,不能进去。"

奇怪,两人穿的鞋也没露脚趾,没什么不雅观的,只是不像我和小刘为了表示正式,都穿的皮鞋。

保安大哥指着门口的一个牌子给我们看,上面写着"穿着××、××、××品牌球鞋的员工及访客禁止进入园区",我们都傻了眼,没想到还有这种规定!

后来和客户关系熟了才知道,这是因为多年前有一个重量级的采购商在园区谈业务,结果看到很多员工都穿着公司竞争对手的球鞋,因为这个原因,对该公司球鞋的质量表示了怀疑,并且在价格谈判的时候把这一点说了出来，让公司的老板非常没有面子，因此才有了这项规定。

最后那两位技术人员穿上蓝色的鞋套才让进去……

还好是技术人员，如果是公司领导，后果真是不堪设想。

另外，提前做好《客户拜访准备表》，不仅是为了让我们全方位了解客户，还能让领导更懂客户，因为拜访客户时领导经常会同去。

2. 如何十分钟内让自己公司领导了解客户的情况

作为大客户销售人员，我们经常会遇到这种情况：约了自己的领导与一位大客户见面，目的是通过高层接触，扩大我们的业务份额；而领导对于这个客户基本是陌生的，他的日程排得很满。如果想让领导快速地了解这个客户，除了递上一份《客户拜访准备表》，还需要重点说清楚哪几个方面呢？

（1）需要领导扮演的角色

为了表示重视，还要对有些事情进行拍板，或是对一些事情作出解释等。

（2）客户概况

客户的背景：所处行业、主要产品、行业排名、主要竞争对手、收入及利润状况、付款信用、是否上市等。

（3）客户参会人员

- 参加会议的主要人员及职位（说清楚哪些人站在我们这边——支持者，哪些人可能不太欢迎我们——反对者）。

- 所谈业务的决策人。
- 我们的竞争对手在客户那里的支持者和反对者。
- 关键人物之间的关系（比如是不是继任者接班？内部有没有勾心斗角？）。

（4）双方核心需求

- 客户业务决策人的KPI，也就是客户最关心的是什么。
- 这次拜访的发起方是谁。
- 客户对我司的核心需求点。
- 我方的核心目的：我们已经和对方合作了什么业务？对方对于合作的评价如何？我们想谈哪一块业务？此业务能给我司带来什么？

（5）我司的差异化能力及竞争对手情况

- 此项业务我们匹配的能力是什么？
- 我们的竞争对手在此方面的能力如何？竞争对手合作了哪些业务？

（6）禁忌话题

- 老板不要谈价格，如果客户问到价格，销售人员来回答。
- 老板不要做出未经内部商讨的承诺。
- 其他不希望老板在会上谈到的，或者客户不愿意听到的话题。

拜访前做好"向上管理"对于销售人员，尤其是大客户销售来说至关重要，因为大客户往往不是靠一个销售人员拿下来的，既然我们希望领导助力，就一定要做好拜访前的沟通和准备，否则只会起反作用。

如果你是一位大客户销售部门的负责人或是公司高层领导，首先不要做这种"四拍"型领导：

拍脑门：临时想起来了才去拜访大客户，没有计划、不做准备，甚至自作主张、不跟销售人员打招呼直接去拜访客户。

拍胸脯：拜访客户的时候过度承诺，后期无法兑现，造成客户对公司的信任大打折扣。

拍桌子：拜访客户时客户有诸多抱怨，让你丢了面子，回来只知道骂销售团队，认识不到或者解决不了根本问题。

拍屁股：做甩手掌柜，把大客户的开发和维护工作完全丢给销售团队，需要一起拜访时不愿意出头。

其次，要看清楚销售请你去拜访的目的，再决定要不要一起。

协助开拓：销售人员感觉要拜访的客户级别较高，叫上领导显得更重视，也能够给自己壮胆；客户的一些要求自己做不了主，领导又一直不松口，让双方见面聊一聊说不定有转机。

帮着"扛雷"：领导一直说销售人员搞不定这个客户，让领导见一见就知道合作有多难了！

客户一直说售后服务做得不好，让领导过去感受一下压力，回来好帮销售人员解决问题。

不管是哪一种目的，对于一线销售人员来说都无可厚非，关键是领导要对"共同拜访"有所选择，同时要和销售人员配合得当，这样拜访工作才能真正有效。

（三）克服拜访之前的"畏难"情绪

作为一个销售人员，拜访客户是我们的"天职"，也是确保业绩最主要的途径，但是有两种"畏难"情绪会拉低我们的业绩表现。

1.在新客户拜访上有"畏难"情绪

实际上，越是老销售越会出现这种情绪，因为很多老销售已经有了固定的业务，存量客户能够让自己有很好的业绩，相对于老客户的潜力挖掘，新客户的开发难度更大，会让人感觉不舒服。

于是，老销售在新客户拜访上投入的时间更少，而且有不少老客户，一天下来拜访两家，处理一下售后问题，开两场会，时间就这么过去了，感觉挺充实的。但这种情况长期持续下去，就会让新的客户线索越来越少，客户池子越来越小，对于销售本人和公司的整体业务发展是非常不利的。

2.在大客户拜访上有"畏难"情绪

这种情绪在新销售身上出现得比较多，因为大客户往往比较难开发，事情多、开发周期长，新销售更愿意花时间去拜访一些中小客户，这样一天下来也挺充实。但是，对于销售员个人来说，会导致看起来忙忙碌碌，实际绩效欠佳。对于公司来说，花了大量的时间和精力在这些小客户身上，投入产出比相对较低。

面对新事物，每个人会有畏惧感，这是人之常情，也是销售工作比较难的重要原因之一。很多人做了销售和销售管理多年，给新客户打电话的时候心情依然忐忑，这没什么，关键是要敢于跨出"拜访"这一步。

（四）拜访过程中如何进行公司展示

在我们讨论如何做公司展示以前，大家可以先检查一下自己的电脑或者手机里有没有关于公司、产品或者服务的介绍。

不管这些介绍是PPT版本还是视频版本，销售人员都应该信手拈来。另外，还要看看是不是最新版本。

我曾经和销售人员一起拜访一个非常重要的客户，销售人员在介绍公司"大事记"那一页PPT的时候，我发现"大事记"竟然只展示到2017年，而当时拜访的时间是2020年5月。

"2017年以后我们公司什么大事都没有，干的都是小事吗？"拜访后我很不客气地说了那个销售人员。

对于我们要给客户展示的材料，不仅要"常备"，还要"常新"，那些材料是公司的脸面，大意不得。

再来说说如何展示。

首先，我们要搞清楚为什么要展示。它是为了解释你的产品或服务所具备的特性，以及它能带给客户的好处。激发客户的兴趣，通过对客户进行观察与倾听，验证客户的需求及购买意愿。

其次，需要展示什么样的内容。在回答这个问题之前，我们要清楚客户想要通过你的展示了解到什么：卖方是一家什么样的公司？他们的产品和服务能够为我做什么？卖方提供的方案能不能落地（有没有成功的案例）？我需要为此付出什么？因此，我们展示的内容就要围绕这些问题进行设计。

最后，通过什么方法展示能力。在这里同样可以参考第四章所说的"特点—优势—利益"描述法。简要说出你的产品和服务的"特点"，列明产品和服务有什么样的"优势"，最重要的是讲清楚到底能够给客户带来什么利益。

公司展示之"六要六不要"：

- 拜访时要记笔记，用最传统的方式——笔记本和笔，最好不要用电脑记录，更不要用手机，那样会让客户觉得你是在忙别的事。
- 展示过程中要让客户参与进来，中间要停下来问问客户有什么问题，仔细倾听和观察客户的反馈，不要急于回答。
- 展示自己的成功案例时不要显示原客户的名称和任何敏感的数据，要防止听众中有人拍照，惹来不必要的麻烦。
- 不要说自己"成功案例"中的客户原来做得多么不好。
- 不要主动谈价格，要谈也放在最后，要让客户充分了解你的产品和服务能给他带来什么好处之后再谈价格。
- 提前准备好客户会向我们询问什么问题，以及我们要向客户提出的问题。
- 展示过程中遇到无法回答的问题不要不懂装懂，怕客户认为自己不专业就乱回答，要实事求是，告诉客户回头确认一下再答复。
- 不要死板地按照自己设定的展示流程来，过程中如果客户对哪个话题感兴趣可以多花一些时间讨论，但记得不要偏离自己拜访的目标。

三、客户拜访之拜访中

（一）拜访时为什么客户总是和我谈价格

小王三个月前入职了一家钢材贸易公司做销售，感觉每次拜访客户，聊不到五分钟对方就开始谈价格，告诉小王哪家贸易公司降价有多厉害；要不就是告诉他哪一单交货出了问题，让他帮忙尽快处理；或者干脆聊了几分钟以后只剩下尬聊了，东拉西扯不知道说些什么。

小王感觉这种客户拜访一点意思都没有，开始怀疑自己是不是根本就不具备做销售的能力。

相信不少销售人员都会有和小王类似的经历。为什么会这样呢？我们拿"买家具"这件事来举例子，比如我家装修，要定制全套组合家具，如果是设计师来找我谈设计方案，我会很欢迎，而且会和他仔细地探讨每一个设计细节，可能不知不觉半天过去了。

但如果换作是一个卖床头柜的销售过来，我会花半天的时间和他聊吗？不会，一旦选定品牌以后我只想他能够给我便宜点。

这就是客户对待"标准产品"和"解决方案产品"的区别，与销售人员的能力关系不大。

对于同质化竞争的"标准产品"，客户只会关心它的价格，因为在其他方面，市场上的主流产品基本没什么差别，客户如果想得到更多的价值，只能从价格入手。

而"解决方案产品"不同，客户的首要利益点在于这个方案的设计和实施能不能真正解决他的问题，先把这个利益点拿下，客户才会去谈价格。

因此，遇到小王这种标准化产品的销售，每次拜访客户都会想和他聊价格就不奇怪了。

对于销售人员来说，拜访的时候如果客户总是和你谈价格，我们要分析背后的原因，是标准化产品的问题还是个人能力的问题，还是两者都有。

哪些属于个人能力的问题呢？比如你对行业的情况和痛点不了解，你对客户面临的问题不了解，你提不出比客户高明的见解等，当你对这些都不清楚的时候，你会发现你和客户之间唯一的联系就只剩价格了。

而这些能力并不是天生的，是能够培养和锻炼的，在后面的章节会和大家仔细聊。

（二）我们的客户拜访会"过度"吗

有不少销售人员会认为多拜访客户几次没有坏处，比如多向客户那里跑几趟聊聊天、向客户提供更多的方案或者建议、让公司高层多和客户的领导接触等，这样客户关系会更好，而实际情况可能恰恰相反。

就像我去超市买一盒牙膏，一个店员跑过来不停地给我讲每种牙膏的作用，而实际上这些功能在产品包装上一目了然，况且我来买牙膏的时候目的已经很明确——就是要买××品牌的防过敏牙膏，所以这种"过度服务"会让人感觉不舒服或者认为这个服务人员另有所图（是某个新牙膏品牌的推销员）。

所以，我们拜访的频次一定要根据自己产品的特性和客户的需求来确定，那么满足什么条件的时候，我们需要加大拜访频次呢？

- 客户不完全清楚产品或服务如何解决他的问题。
- 产品或服务和竞争对手有一定的区别，这种区别需要我们为客户作出说明。
- 产品或服务能够调整或者定制以满足客户的需求。
- 产品或服务的交付过程需要客户多个部门的参与。
- 产品或服务产生的收益能够支撑我们对于客户关系的投入。

总之，**你要去拜访客户一定要让客户感觉有价值。**当然，有些销售人员会说，我多往客户那里跑几次、多跟客户吃两顿饭表示我对客户很重视，希望跟客户搞好关系，让他多给我一些业务。只要客户不烦，那也无可厚非。

（三）成功的拜访来自"倾听"

在与客户的交谈过程中，我们如何成为一个成功的"倾听者"呢？

1. 专心倾听，不要中途打断客户，更不要插话讲自己的想法

要听清楚客户说的每一个字，**我们要在有限的时间里最大限度地掌握客户表达的信息。**

做一个主动而非被动的倾听者，当客户说话的时候注视着客户的眼睛，身体前倾、微笑（必要时也可以开心大笑）、点头（两秒钟点三次，然后停顿一下），大家可以试一试。

"倾听"除了让我们能够充分获取信息外，还能让客户感觉到对他的尊重，而这种"尊重"换回的是他对我们的信任。

有时候也会碰到特别爱聊天的客户，他会对某一个话题（可能与业务不相关，比如自己的高尔夫球技术等）聊很久，我们就要有技巧地往回拉一拉。

例如，你是一个CRM系统销售，去拜访客户张总，张总最近打高尔夫比较上瘾，不断给你聊自己上次比赛时的那个"老鹰"球。这时你可以说："真没想到张总现在高尔夫打得这么厉害，难得您生意做得这么好还能有时间打球，我前几天拜访的一个客户可就没这么好心情了，他们现在的销售业绩实在不行，销售管理比较乱，计划和我们合作，在年中上一套CRM系统……"

2. 在回答客户的问题之前要停顿三秒，即使你对答案非常熟悉

这样做的好处有三个：一是表明我们对这个问题有一个思考的过程，从而体现出客户问的问题很专业，回答起来有一定的难度；二是让客户感觉我们很稳重，成熟稳重的销售会让客户更信任；三是客户有可能只是在自问自答或者重新整理思路，短暂的停顿可以避免出现打断对方的风险。

有些销售人员怕沉默会带来尴尬，没话找话、说个不停，不要怕短暂的安静，给客户一点思考时间对大家都有好处。

成功的销售人员要习惯沉默，我们要给客户留一些时间思考，**说话可以推动销售，沉默才能带来购买。**

3. 倾听的同时一定不要忘了提问

这样做的原因有三个：一是有时候我们并不能完全理解客户表达的信

息，需要通过提问来弄明白；二是通过提问控制谈话的方向，始终牢记我们拜访的目的；三是通过提问才能让客户暴露真实痛点和需求，这些是我们继续"倾听"的基础。

我们要多问一些开放性问题，就是那些用"为什么""如何""什么时候"之类的词开头的问题，鼓励客户发言，让客户给我们提供更多的信息。

会听、懂问、保持沉默，我们才能成为一个成功的销售人员。

（四）拜访时碰到挑剔的客户怎么办

一天，销售小王向经理抱怨："这个客户事儿太多了，谈了这么久，都说好了下周签合同，这次拜访又给我说了一堆问题，我现场回答不了，还让我回头邮件答复。"经理呵呵一笑："存住气，小伙子，这说明合作快成了。"

事实证明经理的判断是正确的。在小王认真地回答了客户的问题之后，第二周合同就顺利地签了下来，为什么经理会有这种判断呢？

我们在第二章说过，客户在购买的最后阶段最关注的是"风险"，因为对风险的关注，客户才会有各种顾虑，而且这种顾虑会在签合同（或者交钱）之前集中爆发，因为客户是通过排除风险说服自己购买，所以这时候销售人员的处理方式就显得非常关键。在拜访时如果出现客户因顾虑而显得挑剔，销售人员要怎么做呢？

1.仔细倾听

一定要听清楚客户的顾虑到底是什么，同时判断客户是"正向挑剔"——通过打消顾虑促进合作，还是"负向挑剔"——通过提出要求拒绝合作。

2. 表示同感

告诉客户这种顾虑是合理的，客户能提出顾虑一定有自己的原因。

3. 澄清问题

要向客户询问这种顾虑背后的原因是什么。这时候真诚的态度很重要，要告诉客户只有知道原因才能帮助他解决问题，否则，客户不能卸下防备心，就不会坦诚地说出原因。

4. 解决问题

了解问题之后，不要去辩解，根据客户顾虑背后的真实原因给出可行的解决方案，这时可以拿成功案例来说明或者用实际行动来证明。

俗话说得好："挑货的才是买货的。"销售人员要学会**通过自己的"三心"——专心、耐心、同理心，"二意"——善意和诚意，把这些挑剔化解，与客户达成合作**。

当然，话分两头说，有些挑剔也可能是客户的心另有所属，开始搪塞你了。比如明明答应了价格回过头来又压价，而且这个价格显然做不到，或是附加一些非常苛刻的条件等，明显就不是冲着合作去的，这种情况下，销售人员尽快撤吧。

（五）不要成为一个"瞎承诺"的销售

在拜访客户过程中，销售人员要避免"瞎承诺"，也就是"过度承诺"，向客户开"空头支票"。这种行为非常"伤"客户，尤其是来之不易的大客户，毕竟所有的交易都是建立在买卖双方信任的基础上，"瞎承诺"的行为会降低这种信任。

无论销售人员还是销售管理者，都要避免这种情况出现，更不能把这种"过度承诺"无法兑现的原因推给公司或者其他部门。

作为销售管理者，首先要主动防止这种情况出现。

1. 事前预防

一定要重视培训，要让销售人员，尤其是新的销售人员明确知道公司的底线在哪里，销售人员的权限在哪里，哪些是能够承诺的，哪些是不能答应需要回来请示的。

要把"瞎承诺"的危害和公司的处罚措施提前说清楚，让大家具备一定的防范意识。

2. 事中管控

我们要给销售人员"结对子""找师傅"，也就是给每个销售人员绑定一个能够提供"承诺建议"的人，这个人可以是他的部门经理、资深销售人员，也可以是提供方案或者产品的人员。有些情况下，客户会要求销售人员现场作出一些承诺，这时候，我们给销售人员留的咨询通道就能够起大作用。

每个销售人员都需要牢记这样一句话术："这件事我确实做不了主，容我回去跟领导请示一下。"当时不承诺客户，请示以后再回复，这样反倒能够让客户更有成就感。

3. 事后挽回

销售团队每天都有总结会或者在CRM系统里填写销售进度，可以要求销售人员回忆有没有给客户做出一些承诺，如果有拿不准的"承诺"，就要尽快报告，及时挽回，避免造成不良影响。

对于习惯性"瞎承诺"的销售人员，要按照规定予以惩戒，不能姑息。

在销售过程中，销售人员对于客户作出合理的承诺是必要的，也是最终达成交易必不可少的一环，但是切记不能过度，销售人员和销售管理者要共同努力，防止出现不顾底线、不管落地、不计后果的"瞎承诺"。

四、客户拜访之拜访后

（一）拜访后期别忘了邀请客户"试吃"

记得很多年前在沃尔玛的面包房工作的时候，部门经理每天的重要工作之一就是确定"试吃商品"，他会把最贵的、最新款的产品拿出来给顾客试吃，比如欧式蛋糕、冰皮月饼等。

当时看着上千元一盒的冰皮月饼被切成一个个小块放在试吃盘里，我着实有点舍不得，有一次还专门问了经理："一定要拿这么贵的东西做试吃吗？"经理白了我一眼："不试吃谁会买啊？"

后来我仔细观察了一下，果然，一个新品摆出来两三天无人问津，一旦做了试吃销量就起来了，而且销量会持续爬升一段时间再趋于平稳。

后来工作时间长了，才发现"试吃"里面有大学问。首先，它暗合了心理学的"互惠"心理:"你都吃了几大口了,不买一点好意思吗?"特别是一个促销员在旁边望着你的时候,这种"互惠"心理更明显。

其次,"试吃"能够打破一个顾客的"现状偏见",通常顾客在逛面包店的时候心里已经有了几款喜欢的面包,这就是"现状",而一个人不愿意轻易改变现状的行为心理学上称之为"现状偏见"。

如果一个新产品想打开市场,最重要的就是要打破这种"现状偏见",比如你给太太买了一盒很贵的化妆品,收到货的时候发现里面多了好几个很小的瓶瓶罐罐,这就是女士们都很喜欢的"试用装",再过几天,你会惊奇地发现那些小瓶的"试用装"变成了大瓶的"耐用装"。

作为销售人员,我们在拜访客户的时候经常会遇到客户不愿意更换老的供应商的问题,那么大家就可以考虑通过"试吃"的办法打进去。比如:"可不可以拿一个最小的分公司先进行合作?""我们免费提供几个培训名额,您可以让员工来听一听我们的讲座。""可不可以先给我们两条偏远的运输线路试运作一下?"等等。

总之,**如果你想进入这个市场,就要让客户所需的改变最小化。**

(二)拜访客户也要考虑客户的"长期价值"

最近销售小王很懊悔,他的第一大客户刚换了采购总监,接手总监位置的是一个小王以往并不熟悉的部门经理。

听说这位部门经理和自己的竞争对手走得很近,小王想着怎样挽救一下,就是不知道来不来得及……

小王没有看到那位部门经理的"长期价值",没有提前"布好局"。

我们做客情,有时候需要从上往下推,有时候需要从下往上推,各有各的利弊,各有各的用处,关键是要认清每个人的价值,而且今天看起来没有拜访价值的人不等于以后也没有价值。

因此,在锁定市场客群、制订拜访计划的时候,我们一定要关注"客户的长期价值"。

(三)如何进行拜访总结

在客户拜访过程中,很多销售人员能够口若悬河、滔滔不绝,和客户聊得非常开心,但是往往不知道如何结束一场会谈。

下面给大家介绍一种方法:通过"总结"来结束拜访并推动下一步业务的进展。

- 总结并核对会谈关键点,尤其是能给客户带来的利益点,加深客户对产品和服务的印象,便于帮我们做内部宣传。提议下一步的行动计划,为继续推进业务打下基础。

销售人员:"王总,非常感谢您抽出时间跟我们见面,这次和您聊我们学到了很多东西,我把今天咱们谈到的事总结一下(总结会谈关键点)……不知道有没有什么遗漏的(核对会谈关键点)?"

王总:"挺全面的,其他没有了。"

销售人员:"您也提到如果能上这套新的系统能够对您公司作业效率

的提升起到很大的作用，也能为贵公司节省10%左右的人力资源（总结利益点）。我们也希望能够尽快帮上忙。"

王总："感谢，也希望我们能尽快合作。"

销售人员："另外，看看您什么时候有时间看现场，我们把整个系统演示做一遍，您看看实际的效果（提议下一步行动计划）。"

王总："嗯，这个月没时间了，先定下个月月初吧。"

销售人员："收到，王总，恭候您大驾光临，我跟您的助理约具体的时间。"

（四）会议纪要

我们除了在拜访结束的时候要有一个口头总结，会后别忘了发一份"会议纪要"给客户，最好是当天就能发出来。

"会议纪要"的内容包括：

- 对今天的接待表示感谢。
- 对客户提出的需求进行确认。
- 对公司的产品和服务如何满足这些需求进行概括说明。
- 建议下一次面谈的时间。

这样做的好处是：

- 让客户体会到我们的专业性。
- 再次明确客户的需求，防止我们对客户的需求理解得不准确。
- 看看客户是不是回邮件，回邮件的话，说明客户重视这次拜访。

- 书面约定下一次见面的时间和事项。

发会议纪要之前,要和客户确认一下需要抄送的人员名单,通过这个名单我们基本能够判断业务的相关方是谁。

这里要注意一点,自己公司需要抄送的人员也不要忘记,比如需要公司的技术或者财务提前介入,我们可以先知会他们一声,然后给他们发会议纪要,以便后期的内部协同。

除了这些,会议纪要也是后期合同条款内容的重要来源之一,往往谁写的会议纪要,合同条款更偏向谁,这也是为什么拜访一些企业之后,我们还没回到办公室,对方的会议纪要就发出来了,这就是他们的专业、严谨之处。

五、客户的"决策链"

当我们和大客户做生意的时候,你会发现,基本上不会是一个人做决策,其背后往往是一个决策团队,这些决策者通常包括高管、部门负责人、采购团队及其他利益相关方,他们或拥有决策权、建议权、否决权,这些人员构成一种链式关系,我们称之为"决策链"。

有这样一个历史故事,说的是刘邦在白登山上被匈奴大军围困,成了孤军。但白登山地势险要,不利于匈奴的骑兵作战,再加上汉军装备精良,匈奴只能围住白登山,却无法占领白登山,双方进入僵持阶段。

包围圈内的汉军无粮草,更无军械补给,处于绝境。刘邦下令几次突围，始终无法成功，于是找到手下谋士陈平商量对策。

陈平沉思片刻后，心生一计，决定对一个女人下手。

陈平找到冒顿单于的阏氏（相当于汉朝的皇后），对其说："汉王刘邦不是凡人，有神助。如果再打下去，对匈奴未必是福，但对您肯定是祸。"

阏氏不解地问："祸从何来？"陈平答："匈奴人不习惯南方生活，就算夺了汉地，到时候能带走的无非就是金银财宝和美人。而单于一旦得了美人，就必定疏远您。干脆我把财宝直接给您，您就别让单于得了美人。"

阏氏觉得此话极有道理，在收了大量金银财宝之后，每天晚上给冒顿单于吹枕边风，鼓吹"刘邦神助论"。

刘邦自从起兵后，在短短7年内，不仅打败了项羽，还建立了汉朝，头上的光环本来就强大。冒顿单于心里也开始变得不踏实，毕竟连自己的老婆都在为敌军说话，于是决定见好就收，故意在包围圈里放开一个角。

汉军之围得解。

从上述案例可以看出，了解客户"决策链"很重要。

（一）决策链

"决策链"为我们全面展示了客户内部的决策流程。在"决策链"中，我们要尽可能地列举相关利益方，不能有遗漏，否则很可能埋下隐患。

比如我是一家提供公路运输服务的物流公司销售人员，如果想把服务销售给一家制造型企业，客户决策链如图5-2所示。

第五章 "确定需求" VS "需求挖掘"

职位	销售部总经理
关注点	顾客投诉减少，销售收入增加，完成公司指标
角色	全胜者
态度	反对
决定权	无	否决权	有

职位	CEO
关注点	提升公司收入，增加利润，完成董事会任务
角色	批准者
态度	中立
决定权	有	否决权	有

职位	采购部总经理
关注点	成本下降，业务部门投诉减少
角色	决策者
态度	中立
决定权	有	否决权	有

职位	物流部经理
关注点	成本下降，作业效率提升
角色	使用者
态度	支持
决定权	无	否决权	有

职位	技术、财务、法务
关注点	风险控制，操作便利
角色	把关者
态度	中立
决定权	无	否决权	有

图5-2 客户决策链（示例）

121

其中，物流部经理与销售部总经理是"使用者"，他们使用运输服务。采购部总经理是决策者，他决定我们能不能进入物流商名单。技术、财务、法务三个部门是"把关者"，他们对于业务合作能否落地起到审核的作用。CEO则是"批准者"，我们能否进入物流商名单需要他签字才能通过，但是他不参与具体决策。

这些职位在一起形成一个决策链条，这个链条上的每一个角色都很关键。

虽然"使用者"没有决策权，但是他们有使用权，作为物流供应商表现好坏直接影响他们的KPI。

如图5-2所示，物流部认为我的价格较低，运输效率较高，把我推荐给采购部，但是销售部总经理从同行那里听说我们运输过程中破损较多，会导致顾客投诉，他可能会反对引入我们。

如果我们事先没有把"使用者"——销售部总经理纳入决策链的范畴，提前了解他的"顾虑"和"担忧"，然后通过某种方式证明我们破损率控制得不差，那么在决策过程中这个"使用者"就会提反对意见。

这种情况同样会出现在"把关者"身上。

有一次，一个大项目落地时间推迟了一个月，原因就是在客户的决策会议上，对方的技术部负责人提出我们的系统在对接时经常出现问题，容易丢单。这位技术部负责人在以前供职的公司那里遇到了类似情况。于是，CEO当场决定项目推迟，系统对接风险排除后才允许项目上线。

为此，我们又拉上自己的技术同事去和客户的技术部负责人沟通了半个月。

决策链中的"角色"一个都不能少。很多人没有说"是"的权力，但是他们有说"不"的权力。

可能有些销售人员会觉得问客户"决策人是谁"有点尴尬。我们可以婉转一点，比如："这件事要定下来还要向领导汇报一次吗？"或者"您看咱们这件事推动落地还需要经过哪个部门审批吗？"等等。

（二）相关利益方的态度

"决策链"能够为我们清晰地展示相关利益方的态度。

决策链中各角色的态度对我们所要采取的竞争策略极为重要。

是中立，是支持我们，还是反对？支持的原因是什么？反对的原因是什么？等等。

我们首先要在决策链中清晰地列明相关利益方的态度，再去分析背后的原因。

以前，我带过一个销售人员，他告诉我××客户的采购部老张是我们的"支持者"，都快发展成"内线"了，我问他支持我们的原因是什么，他吭哧半天没说清楚，只是很神秘地告诉我，每次项目招标老张都会偷偷告诉他要报什么价格。

过了一段时间，这个销售人员一脸愤怒地跟我说，那个老张根本不是什么内线！

原来这个销售人员发现按照老张透露的信息去报价，确实能中一些项目，但都是一些零零碎碎的小项目，凡是体量大的、赚钱的一个没有，全被竞争对手拿走了。

在通过决策链分析客户态度的时候，我们一定要多问自己几个为什么。

（三）关注点

"决策链"能够让我们知道每个角色的"关注点"是什么。

上文说过，客户的角色不同会对我们持不同的态度，而这个态度的形成一定是与其"利益"直接相关的，这里有可能是公司利益，也有可能是个人利益。

而利益的不同也就决定了其"关注点"不同，销售总经理会关注销量和顾客投诉，技术部门会关注系统能不能顺利对接、会不会增加工作量等。

这些关注点基本上都是和各个职位的KPI高度相关的。了解这些关注点，我们才能对症下药。一是能够让我们根据这些关注点推测他们可能的态度；二是在和他们沟通的时候能够有的放矢，取得他们的信任。

（四）拜访后如何能尽快见到"决策者"

销售人员在第一次拜访客户后，和这个对接人聊得很好，经过几次沟通后，这个对接人成了我们的"支持者"。

但是，能够很明显地看出来，这个支持者没有决策权，如果我们把这个业务最终敲定，一定要尽快见到决策者，但是这位支持者却没有让我们见决策人的意思。

其中的原因可能是：

- 他认为我们还没有准备好。
- 他认为销售人员的级别不够。
- 他认为业务还没有紧迫到那种程度。
- 他担心我们见了领导以后就把他甩掉了。
- 他压根就不是我们的支持者。

我们怎样才能顺利地拜访到决策人，而又不得罪一直帮我们的支持者呢？

1.嘴巴要甜

我们要充分肯定支持者的作用，以及一直以来对我们的帮助，但是也要说明有些事确实要领导帮着推动。比如："刘哥，这个项目能够推进到这一步全靠您盯着，项目成了绝对能帮你们公司解决大问题！可技术部门动作太慢了，我知道您也不好催人家，不行您帮着约一下李总，我们请他帮忙推动一下！"

2.心要放宽

要让支持者放心，销售人员需要做到三点：一是要给支持者说清楚，见决策人的时候和他一起；二是说清楚见面的价值和意义，让支持者觉得确实有必要见面；三是表明自己会做充分的准备，不会给支持者丢脸。同时，把要沟通的内容告知支持者，不要隐瞒。

3.态度要端正

我们态度要坚定，因为你不及时见到决策人，你的竞争对手可能会先你一步，到时候可能会前功尽弃。

销售人员可以说："我们领导跟我说想约李总见个面，说了好多次，我实在推脱不过去了，他要见的目的是（在这里把要谈的内容告知支持者，不要隐瞒）……"

需要说明的是，决策人并不一定是公司的领导，很多时候真正有决定权的是业务部门的负责人，而公司的领导只是批准者而已。如果我们确认了这种角色定位，可以不必强求一定要见到公司领导，但是要提防竞争对手，只要有机会，给客户高层留下一个好印象是锦上添花的事。

六、首次拜访"二十句"

无论一个销售人员的经验有多少，首次拜访客户都是挑战最大的。在这里把首次拜访过程中需要注意的事项总结如下：

（1）了解客户要透彻，公司个人都要有

对客户所在的行业、公司情况要充分了解，对于上市公司可以查一下公司的报告、非上市公司上专门的APP上查看，包括竞争对手情况、关键岗位招聘信息等不要错过。了解对方参加会谈人员情况：职位、职责、是否核心层、个人爱好（看看朋友圈）等。

（2）材料准备要全面，能力案例都体现

做PPT要包含你的产品和服务能力，但注意不要全盘托出。行业成功案例一定要有，但是切记不能书面透露案例客户的名称和敏感信息。要及时更新公司介绍，能用视频介绍的尽量用视频。

（3）问题答案提前想，差异能力心中藏

要问的问题、可能会被问到的问题，以及该如何回答都要提前想好，不要临场发挥。公司的差异化能力心里要清楚。

（4）寒暄开场要简短，业务沟通是关键

开始聊一些大家都关心的话题，如对方公司正面的新闻、最近的技术创新、市场上一些与行业相关的动态等，但要注意及时把话题转到业务沟通上，不能忘了我们拜访的目的。

（5）来访目的说清楚，多听少说问问题

会谈开始的时候要简单介绍下此次拜访的目的，我们可以直接提出来主要是了解客户，请客户介绍一下自己公司的情况，以及希望我们能够提供的帮助（通过这个引出客户的需求），多听多问。

（6）客户需求要牢记，决策链条弄清晰

要把客户的需求听清楚、厘清楚、记清楚，通过沟通了解客户的决策链。

（7）能力匹配好福气，誓把需求挖到底

如果我们介绍的能力正好和客户的需求匹配最好，这时候千万不要揪住这一点说个没完，拜访时间有限，要看看客户还有什么需求，要使拜访效益最大化。

（8）能力错位没关系，需求创建别放弃

有可能我们的能力和客户现在的需求不匹配，没关系，我们要想尽办法创建需求，在客户脑子里"种草"。

（9）会谈结束要总结，下次见面定日期

会谈结束前要对所谈内容进行总结，可以和客户确定下次会面的时间或者下一步计划的节点，为继续推动业务做好铺垫。

（10）建群加友别忘记，会议纪要当日毕

为方便继续沟通，在客户同意的情况下，大家可以面对面建一个微信群。会议纪要最好当日发送，需抄送人员不能漏掉。

总结下来，我们首次拜访最主要目的就是两个：一是**确定需求**，确定客户的需求，以及需求背后的原因；二是**找对人**，找到我们所谈业务的决策人。

本章关键点总结

（1）能否根据客户的表面需求，通过沟通发现问题，进而确认或挖掘出其真实需求，是判断大客户销售是否合格的一个重要标志。

（2）拜访前要做好充分准备，凡事预则立，不预则废。

（3）牢牢记住我们拜访的目的和客户接待我们拜访的目的，以终为始，再来准备相应的内容。

（4）客户拜访准备表不仅是为自己准备的，也是为自己的领导准备的。

（5）要在有限的时间里最大限度地掌握客户的信息。

（6）说话可以助力销售，沉默才能带来购买。

（7）销售要做到"三心二意"："三心"——专心、耐心、同理心，"二意"——善意和诚意。

（8）会议纪要自己写，及时写，不要犯懒。

（9）决策链中的"角色"一个都不能少。

（10）拜访时候很重要的任务之一就是了解你面前这个人的KPI。

（11）首次拜访最主要目的就是两个：确定需求、找对人。

第六章
"方案评估" VS "影响决策"

通过与客户初步的接触和拜访，我们对于客户的需求以及需求背后所隐藏的问题有了一定的了解，这时候是不是把自己的能力和盘托出，告诉客户我们有对策呢？

不着急，我们要"先诊断，后开方"。

一、先诊断，后开方

假如有一天，你因为肚子痛到医院去看病，下面让我们来试想一下两种不同的场景。

第一种场景：

医生："哪儿不舒服啊？"

病人："肚子痛。"

医生："嗯，我给你开点药，拿回去吃吧。"

第二种场景：

医生："哪儿不舒服啊？"

病人："肚子痛。"

医生："痛几天了？哪个部位痛？"（边问边按病人的小腹）

病人："两天了，哎哟！就是这里痛。"

医生："先去验个血。"

医生（看着你的验血报告）："有炎症，肠炎引起的肚子痛，我给你开点药拿回去吃，如果三天症状不缓解再来复查。"

这两种场景下，哪个医生开的药你敢吃？

相信一定是给你做了"诊断"的第二个。

很多时候我们就是第一个医生。在拜访客户的时候，客户刚说了一个自己的难题，而恰巧这个难题你认为自己公司的服务能够解决，你会怎么办？是不是心里乐开了花，马上说："李总，我们的服务正好能解决您这个问题。"然后开始介绍自己服务的特点和优势。

看看，你像不像第一个"医生"。

这时候，我们应该怎么办呢？

- 先告诉自己别激动，稳住！
- 听客户把问题描述清楚，多问几个为什么，以免理解错误。
- 拿出准备好的"成功故事"，把客户的好奇心吊起来，主动询问："你们是怎么做的？"

第六章　"方案评估" VS "影响决策"

- 匹配我们的差异化能力，向客户介绍我们的产品和服务。

销售人员就像医生，拜访的过程如同给客户看病的过程，千万不要忘了"先诊断，再开方"！——吉斯·M.依迪斯《新解决方案销售》

说到诊断，自然免不了向客户提问，在介绍提问的方式和技巧之前，我们先聊一个非常重要的话题：客户为什么会购买？

二、客户为什么会购买

你为什么会买汽车？每个人都有自己的原因，但基本是为了方便出行和节省时间。汽车可以让你随时随地出发，可以帮助你更快地到达目的地，这样你就可以将更多的时间和精力投入更有价值的事情上。

你为什么会给刚出生的孩子买一箱又一箱的纸尿裤？那是因为如果不用纸尿裤，你可能就要天天洗床单，宝宝的屁股会出疹子，你整晚都别想睡好觉，为了避免这些麻烦，花点钱是值得的。

还有一种情况，你为什么会买一个奢侈品包包？这可能源于你对精致生活的追求，也可能是为了提升个人形象和自信心，或者你把购买奢侈品包包作为一种奖励或犒赏自己的方式，可以带来愉悦和满足感。尽管它的价格令人咋舌，尽管你可能要省吃俭用，但你就是觉得值。

我们之所以买一件商品，一定是认为它能够带来的价值大于我们付出的成本。

这里包含两层意思：这个商品的价值必须大于付出的成本才能触发购

买行为；这里所谓的"价值"是你所"认为"的，它实际上更多是主观的，而不是客观的。

我们需要从购买者的角度去衡量购买的价值，从其他任何角度出发都是错误的。

基于此，客户的购买行为在很大程度上是感性的，而非理性的，C端客户是这样，B端客户也是如此。

由此可见，我们要做的工作就是让客户认同产品或服务所带来的价值大于他付出的成本，这样才会触发购买行为。

如何让客户产生这种"认同感"呢？是我们不停地向客户宣传吗？不是，**要想让客户接受我们，更多的在于如何"问"，而不是如何"说"。**

三、提问的技巧

首先，我问大家一个问题："如果你在教室里上课，什么时候你的注意力会最集中？"

是老师讲故事的时候？是老师布置作业的时候？还是老师向你提问的时候？

应该是"提问"的时候吧？那时候你一定不会再想午饭吃什么，或者同桌的马尾辫真好看，而是绞尽脑汁地想答案，甚至会心跳加速、呼吸急促。

这是因为被提问时，人会本能地产生生理上的"应激反应"。

同样的道理，当我们向客户提问时，需要回答问题的客户同样会产生这种应激反应，这种反应带来的就是客户的"专注"。

我们如果想获得客户的专注、得到我们想要的信息，必须向客户提问，但是客户专注以后，如果发现你的问题毫无质量可言，他可能会不高兴。

我们来看看哪些问题才是有质量的问题，才能为客户诊断，进而体现我们的价值。

（一）背景问题

背景问题就是关于客户及目标业务相关的问题，提问的目的是**获得客户信息，了解存在的问题及现状**。

在和销售人员一起拜访客户的时候，会发现很多人问客户几个问题后，客户就感觉不耐烦了，这是什么原因呢？

1. 问的都是背景问题

比如：您的工厂有多少人啊？有多少条生产线啊？贵司的销售额多少？这个行业发展趋势如何？等等。

最不可取的是，有些问题明明是你在拜访前应该知道的，还要再问，客户听了这些问题之后会认为你不是来解决问题的，是来做公司调研的。

2. 问的问题和需要谈的业务看不出有什么联系

背景问题是要问的，它有助于我们了解客户的业务情况，方便我们进一步诊断客户面临的问题，但问的问题一定要和目标业务相关。

就像肚子疼去看病，医生问你昨天吃了什么东西、是不是晚上睡觉没盖被子等，你很容易理解，但如果总是问你脚后跟是不是受伤了，估计就令人费解了。

我们在第五章"拜访准备"中说过，销售人员在拜访前要做到四"知"，在这个基础上，一定还有一些信息你无法通过外界渠道掌握，而且与客户密切相关的，就要大胆地问。

同时，**在你张口问问题的那一刻，客户已经开始判断你的专业性了。**

提问"背景问题"的几个注意点：

- 尽量不要问本该提前了解的问题。
- 每一个问题都要有明确的目的。
- 背景问题不能太多。
- 不要"连珠炮"式地发问，那会让客户觉得你在"盘问"。

问了相关的背景问题后，提问的内容要尽快转向客户目前遇到的难点。客户如果感觉到不耐烦，他可能会打断你的提问："我先说下我们公司面临的问题吧！"

因此，还是我们主动转向客户的"难点问题"更好。

（二）难点问题

提问难点问题的目的是**弄清楚客户面临的困难，抓住客户真实的需求。**

例如，销售管理咨询公司的人员会问："贵司销售人员是否见了客户只会谈价格？""贵司销售人员在与客户高层对话的时候有没有问题？"

等等。

在问这些问题的时候，如果你对客户的业务和可能遇到的困难有深入了解，提出的问题往往会让客户有一种"这个问题问到点上"的感觉，客户会觉得你确实"懂他"，对你的信任感会油然而生。

因此，如果设计得好，"难点问题"不仅能够确认客户目前遇到的难题和真实需求，还能体现我们的专业性，获得客户的信任。

还记得我们在第三章提到要成为"客户眼中的专家"吗？所谓"专家"形象就是这时候一点点建立的。

拜访时间是有限的，销售人员就是要让客户在有限的时间内看到我们无限的价值。

问"难点问题"时应注意以下几点：

（1）围绕自己的能力询问"难点问题"

如果你不具备某方面的能力，就不要和客户过多地探讨这方面的难题。当然，不过多探讨不代表你不去听。

（2）听清楚客户的难题，即使那些难题不是你的能力能够解决的

我们在问"难点问题"的时候，并不一定都能问到"点"上，客户很有可能碰到的难题并不是我们预料的，这时候怎么办？

- 认真倾听，不要让客户感觉我们做不了就不关心，这样客户会不愿意和你再聊下去。
- 客户所说的难题有可能你解决不了，但是你的兄弟部门或者兄弟公司能够解决，这是很好的引流机会。

- 客户所说的难题有可能你只是暂时没有碰到（比如行业头部公司遇到的一些难题），把它们记下来，回去推动产品部门进行研发、创新，岂不是一件大好事。
- 对于你已经服务的那一部分尽量不要问。

很多时候，老客户有了新需求，我们拜访的目的是看看有没有拓展业务的机会，这时候最好把"业务挖潜"和"售后回访"两件事分开，这次来就是谈新业务，不要去问客户你已经服务的业务板块有没有难题，因为谁家的服务都很难尽善尽美，为了防止话题偏移，两件事分开来谈比较好。

- 客户刚交给竞争对手的业务不要问。

如果客户的这部分业务刚交给竞争对手做不久，我们不要问，那样问明显是去"看笑话"的。

绝大部分销售人员向客户提出的问题仅限于"背景问题"和"难点问题"，能把"难点问题"问得很透彻已经相当不容易了！

当我们问完难点问题之后，接下来是不是就应该给客户展示自己的能力、讲自己的方案，甚至开始报价了呢？先看看下面这个案例。

老公："咱们那辆车是不是该换换了，老婆？"

老婆："不用换吧，虽然有点旧，但还能开。"

老公："这辆车开了八年了，也跑了快十二万公里了，该换一辆了！我看有一些新车优惠，咱们一起去看看。"

老婆："又不是不能开，浪费那个钱干啥？不去！"

第六章 "方案评估"VS"影响决策"

假如老公换一种方法：

老公："咱们那辆车是不是该换换了，老婆？"

老婆："不用换吧，虽然有点旧，但还能开。"

老公："这辆车开了八年了，也跑了快十二万公里了吧？"

老婆："嗯，差不多！"

老公："去年大修那次花了多少钱？"

老婆："差不多一万元吧。"

老公："我感觉油耗现在好像也比原来多不少，是不是？"

老婆："嗯，原来两周加一次油，现在感觉一周就要加一次，主要是你上班太远了！"

老公："是啊！我上班路上已经熄火两次了，光是迟到扣奖金就扣了三千多元，前一段时间咱们和你同事出去玩又熄火一次，太耽误事了。"

老婆，沉默不语。

老公："最近我看有一些新车优惠，咱们先去看看。"

老婆："嗯，好的！"

这两种对话方式，老公同样都是提出"最近我看有一些新车优惠，咱们先去看看"这个方案，为什么第二种方式他的老婆更容易接受呢？

因为老公通过提问让老婆回忆起各种"不换车"带来的实实在在的不方便。这些不方便叠加在一起让老婆认为换一辆新车的"价值"有可能超过付出的"成本"，这才同意去看新车。

我们向客户提问的时候同样如此，如果你了解客户的难点以后，马上就给出你的方案或者展示你的能力，客户很自然地会问你价格是多少，如果你报出了价格，客户的第一反应："值这个价吗？"

（3）客户总是说我们的产品不值这个价怎么办

一个小伙子推销一个多功能闹钟，这个闹钟除了传统的看时间、定闹表之类的功能，还兼具听音乐、录音，甚至从旁边还能够伸出一个小风扇，而让我印象最深的是他说的最后一句："各位家人，你们一定觉得这个闹钟非常贵对不对？大错特错，只要19.9元！只要19.9元啊！比普通闹钟还便宜……"

你听了以后是不是有马上买一个的冲动？原因是当我们听到这个小伙子介绍这么多功能的时候，会有这样一个假设："既然功能这么多，估计会贵。"而实际价格却比自己的预测便宜，我们很容易会有购买的冲动。

这是心理学上所说的"锚定效应"在起作用。"锚定效应"是指我们在面对决策或问题时，往往会被先前得到的信息影响，将其作为一个"锚点"，从而导致我们的思考和决策始终偏向这个方向。

如果最后小伙子说："各位家人，你们一定觉得这个闹钟非常贵对不对？大错特错了，只要29.9元！只要29.9元啊！只比普通的闹钟贵一点点！"你心里会怎么想："果然不出我所料，功能多就是要贵吧！多这点功能没啥必要，不值！"这时候"锚定效应"在反向起作用，客户对比的是普通闹钟的价格，自然会仔细考虑你的多功能闹钟值不值。

再来看我们在销售过程中经常遇到的问题：向客户介绍产品或者服务

的时候，明明我们的服务更多、质量更好，为什么就是卖不上价呢？

拿我原来的一个客户举例，这个客户在电商平台上卖鲜牛肉，他原来使用的快递公司价格便宜，但是不上楼，每次会把新鲜牛肉放在快递驿站。

销售人员上门推荐几次快递业务（提供送货上楼，但是价格要贵10%），客户都不认可，因为他感觉虽然原来的快递不上楼，但也是送到顾客楼下，顾客很快取走，为此多出10%不值当。

直到有一天，这个客户突然给我们打电话要签合同。后来才知道，一个顾客给自己的母亲买了牛肉，老人没有及时下楼取，牛肉有些变质，但是老人没舍得扔，结果因为急性肠炎进了ICU，顾客向消协投诉、媒体曝光、索赔30万元……

在这个案例中，我们可以看到，最开始这个客户不使用贵一点但可以提供上楼服务的快递公司，是因为他锚定的是原来的快递价格。后来选择我们，是因为他对比了"原来的快递价格+可能带来的损失"。

如果没有"可能带来的损失"，客户依然会觉得你的产品不值这个价格。

那么，销售人员为什么不能继续深挖"可能带来的损失"，展示给客户，让客户认为我们的价格值得呢？

这就是下面要讨论的"深挖问题"的作用。

（三）深挖问题

深挖问题目的是让客户看到难题造成的影响和解决的紧迫程度。 也就是说，让客户认识到如果现在不买我们的产品或服务可能会带来什么样的损失。

"如果这个问题不解决贵司的销售业绩会不会受到影响？""这个问题出现以后，会不会造成其他兄弟部门的投诉？""这个情况持续出现，除了目前看到的利润损失，有没有造成人员的大量流失"等。

这些都说明如果"难题"不解决可能引发更多的问题。

"深挖问题"要建立在提问者对于客户的难点、行业的难点有足够的了解和洞察的基础上，通过提问让客户认识到产品的价值。 而不是通过危言耸听、夸大问题来达到销售的目的。

上文我们提到的一个卖鲜牛肉的客户案例，如果当时销售人员能够给他讲出一个别的客户的"失败故事"，让他认识到不给顾客提供"送上楼"服务可能会造成的危害，也许就能够让这位客户避免那30万元甚至更多的损失。

1. 失败故事

我们在第四章"微营销"中重点向大家介绍了"成功故事"及其作用，"失败故事"在促进客户购买上也能达到同样的效果。

当我们向面前的"客户"讲述以前客户失败故事的时候，其表述如下（以售卖"快递上楼服务"为例）：

第六章 "方案评估"VS"影响决策"

先说原客户碰到的难题：我原来有一个生鲜行业的客户A公司，和咱们类似，当时也没有给顾客提供上楼服务。接着说**原因**：一是考虑成本的问题；二是原快递公司承诺提供"催单"服务（顾客如果不及时下楼取，快递公司将会发送短信催促）。**结果**：现在很多消费者不看或者是屏蔽短信，"催单"完全达不到预期效果。**造成的损失**：有不少客户忘了取件直接选择了退货；有些顾客没有及时提货，食物有些变质也舍不得扔，吃出问题还是会投诉商家，甚至投诉到消费者协会，对公司名誉造成巨大损害。

通过案例设计出原客户的"失败故事"，能够让目标客户认识到如果不做出改变，目前遇到的难题可能引起更严重的后果。同时，通过这种方式也能提升客户购买的"迫切性"。

对于"成功故事"和"失败故事"，它们具有一定的通用性，比如在拜访一个服装行业客户讲的"故事"，在另一客户那里同样能够使用，这样我们就可以**逐渐建立一个分行业、分领域的"故事汇"**。不仅可以自己使用，还可以拿来培训其他销售人员，让一个个"故事"变成销售人员随时可用的拓客工具。

2.客户购买的迫切性

对于销售人员来说，客户"想买"和"买"之间还差十万八千里。

同样是卖房子，如果你面对两个客户，一个是因为房子小希望换大一点的房子，而另一个是孩子要上小学，需要换一套带学区的房子，你认为哪个人购买房子的需求更加迫切？我们如果想更快地把房子卖出去又该重点关注哪个人呢？

找到有迫切需求的客户或者让有需求的客户变得更加迫切，是我们提升销售效率的重要手段。

当然，我们深挖问题的时候，客户听了心里一定会不舒服，就像一个保险推销员到你这里聊一旦你生病……一旦你发生意外……这些悲伤的话题总会让人感觉不爽。

但对于理性的客户来说，只要你提出的潜在问题是他没有想到的，或者想到了但是没有考虑到后果的严重性，而你又有实实在在的案例，再通过这种"深挖问题"的方式引发他的思考，他是能够接受并采纳的。

当然，任何问题的提出都不能生硬，如果你已经明显地感觉到客户对于目前的问题可能带来的后果有清醒的认识，而你又提不出更高明的见解，我们就可以直接转向另一个问题——"愿景问题"。

"深挖问题"的几个注意点：

- 一定要提前准备问题列表，在笔记本上写下来。
- 提问者要对客户难题及其影响、行业难题及其影响和自身的差异化能力有足够的了解，否则很难恰当地"深挖问题"。
- 从难题对其他部门和全公司造成的影响去考虑和设计"深挖问题"。

（四）愿景问题

提出"愿景问题"的目的是**通过提问的方式让客户自己说出来如果使用我们的产品和服务能带来的好处。**

例如,"如果这个问题解决了,我们的客诉率会不会有所下降?""这个问题解决以后,会不会在一定程度上能够提升经销商的销量?"或者"这个问题解决以后,对于我们留住核心销售会不会有一定的帮助?"等等。

"愿景问题"能够给客户描绘出一幅画面,在这个画面中展示的是客户一旦把这个问题解决以后能获得的实际利益是什么。

销售心理学上有个关于"愿景"的小故事:一个房屋中介的销售人员带着夫妇两人去看一套房子,在夫妇两人看厨房的时候,透过厨房的窗户能看到整个后院,妻子突然很兴奋地对丈夫说:"你看,后院竟然有一棵樱桃树,和我小时候老家后院的一模一样,到了春天,开满樱桃花,多美啊!妈妈做饭的时候,我站在旁边都能看到那棵樱桃树,我一直都想住在这样的房子里!"

恰巧这句话被销售听到了,于是在后面看房子的过程中,他总是有意无意地提到那棵樱桃树,而且每次提到的时候妻子都是满眼兴奋,并用一种期待的目光看着她的丈夫。

樱桃树还没有开花,但是这个妻子已经沉浸在将来花香满院的"愿景"中。

那么,对于"愿景",销售人员直接描述出来就可以了,为什么还要"提问"呢?

"愿景问题"能够很好地引导客户对我们产生积极的评价,因为**使用"愿景问题"能够引发客户的思考,让客户自己想到并回答将来能够获得**

什么样的利益，他想到了就能记得住，你直接说出来，他可能记不得，甚至有所排斥。

我们之所以需要设计"深挖问题"和"愿景问题"，目的在于加快客户决策的速度。

根据一项调查表明：58%的丢单并不是因为竞争对手或者销售人员的失误，而是因为客户"不决策"。

实际上，**客户的"不决策"才是我们没做成业务的主要原因**，而销售人员往往对这个"对手"表现得很漠视："反正客户现在不准备选择任何一家，这不是我的问题，以后再说吧！"

但是，业务没做成就是没做成，最起码前期所有的努力到这个时候都是白费的。

我们如何能够让客户下定决心购买呢？

1.价值等式

在这里，我们引入尼尔·雷克汉姆先生在《销售巨人》一书中提出的"价值等式"概念，如图6-1所示。

"问题大到需要购买了吗？"

买　YES　NO　不买

解决问题的紧迫程度　　解决问题的成本代价

图6-1　价值等式

第六章 "方案评估" VS "影响决策"

通过这个等式能够看出，只有当客户真正认识到"解决问题的紧迫程度"大于"解决问题的成本代价"时，购买行为才会出现。

而我们所问的"深挖问题"与"愿景问题"，通过让客户知道"不买我们的产品或服务有什么坏处""买了我们的产品或服务有什么样的好处"，提升这种"紧迫程度"，促使购买行为的产生。

但有一点必须记住：我们所做的这些绝对不是在"诱导"客户，**你要做的事情是通过提问让客户发现并认同你的价值**。只有这样，客户作了决策才不会后悔当初选择你。

另外，对于以上所述的四个问题："背景问题""难点问题""深挖问题""愿景问题"，每一种问题都需要我们在拜访客户之前认真准备，同时要注意把这些问题积累下来。

当我们向客户问问题的时候，也会碰到一些例外情况，下面一起来看一看。

2. 客户问的问题比我还多

一般来说，作为乙方去拜访客户，我们会准备很多问题问客户，以此来了解客户的需求，客户也会默认这种"我们问、他们答"的角色定位。

但是，有时候客户准备了很多问题来问你。

这当然不是一件坏事，但我们在回答问题的时候有哪些需要注意的呢？

（1）对于客户可能提出的问题，我们要有所准备

例如，客户可能会对我们的公司感兴趣，特别是你的公司最近有新闻事件的时候，那么你一定要准备好回答客户要问的问题，来满足他们那

"小小的"好奇心。

如果你在回答的时候还能讲出他们不知道的一点点内幕，那就更能让他们获得满足感。反之，如果他们都知道的"消息"你竟然不知道，就可能会被鄙视，更有可能会被怀疑你是不是公司的核心人员。

（2）牢记我们拜访的目的

拜访的时间是有限的，我们不能花大量的时间来回答问题，要抓住时机问我们要问的问题。所以，在回答客户的问题之后要想办法向我们要问的问题引导。

（3）客户对于你如何服务他的同行会很感兴趣

这也是客户问题的一大来源。这种问题回答得好，能够让客户对我们的解决方案产生很大的兴趣，可能直接就会带来销售，但是如果回答得不好，客户会觉得："这也没什么稀奇的啊！"所以，要好好准备"成功故事"。

有一点要特别注意：防止客户套我们的话，从我们这里打听同行的敏感信息。**切不可为了拿业务，把不应该透露的老客户信息告诉新客户。**

对于这类问题，我们可以直接回答："这涉及客户的敏感信息，真不方便讲。"客户反倒会对你的职业操守有良好的印象，对你更信任。

（4）对自己不懂的问题就老实说不知道，或者说回去确认下再回复，千万不能不懂装懂、胡乱回答，客户的信任感没了，生意也就没了

说了这么多关于如何准备问题、如何向客户提问，以及如何应对我们在提问时出现的一些情况，我们来看看如何通过这些方式来"影响客户的

决策",达到销售的目标。

四、如何影响客户的决策

咱们先来看一下这个场景：你因为咳嗽到一家药店买药，进了药店你对店员说："有点咳嗽，给我来一瓶止咳糖浆。"这时候如果店员的反应是："这个牌子的止咳效果不好，给你来一瓶另外一个牌子的吧？"你心里会怎么想？

你凭什么说这个牌子的不好？那个牌子给你的提成多吧？你越不让我买我就越买，我就买××牌的。

不知道你是不是这样想的，反正我就是这么想的。

这个场景里大家可以看到：作为买方，我心里已经有了一个购买决策，而这店员如果想改变这个决策，她应该怎样做？

先回答"好的"（**我们发现客户已经有了自己的购买决策之后，切不可马上否定这一决策**），只要否定，客户在反感的同时就会启动"自我保护机制"，认为你另有所图，对你的话开始产生心理上的排斥。

然后**确认客户为什么有这种购买决策，也就是购买的标准到底是什么。这种方式是通过"诊断"后给出更彻底的解决方案，认同并增强客户的购买决策。**

可以看出，如果要改变客户的购买决策（不管是增强还是改变），我们的流程是：**承认客户已有购买决策的合理性——确定客户购买决策的标**

准——诊断——根据诊断结果匹配我们的能力和产品——增强或者改变客户的购买决策。

（一）了解客户的决策标准

高中快毕业的时候，多所军校提前来学校招生，我和同学去报名，军校的招生人员都集中在学校的篮球馆里，一个学校一个展位，就像一个大型招聘现场，学生自由选择，愿意报哪个学校就在哪个展位前面排队。

排队的时候，我前面的是一个大个子，将近一米九，长得挺结实，我心里想："这大个子上阵拼刺刀绝对厉害。"

正在我胡思乱想的时候，就听到招生人员喊这位同学："大个子，你在这干什么？"

"报名，排队啊！"大个子同学的回答充满了疑惑。

"我们这是坦克学院，你这么大个子，不行，去别的地方排队！后面的同学，身高超过××的就不要排了啊！"

这一嗓子喊下去就只剩我一个人了……

显然，同学们没有搞清楚这所军校的选择标准。

作为销售人员，一定要想办法搞清楚客户决策的标准是什么，而且绝对不能臆想这些标准。很多销售人员认为客户一定会在乎价格，或者一定会在乎交付时效，而拼命地强调自己在这方面的优势，殊不知一开始就错了，到后面说得越多、做得越多，偏得越厉害。

如果我们是去招投标，客户的决策标准可能会相对明确，但很多情况下客户是不会告诉你他的决策标准的，这就需要我们通过经验来判断，然后积极地验证，不行就直接问。

总之，**客户的决策标准才是我们努力的方向。**

当我们知道了客户的决策标准之后，影响客户决策有两种方式：一是增强客户的决策标准，让他更愿意选择我们；二是改变客户的选择标准，让他选择我们。

但作为一个大客户销售，仅做到这些还是不够的，我们要从售前、售中、售后三个阶段影响客户的决策。

（二）影响客户决策的标准

1.售前

现在，在大学校园里你能看到很多快递公司，而快递公司也在拼命抢占大学校园这个市场。其中一个非常重要的原因就是要影响这些大学生未来对快递公司的选择。

因为几年以后，"白领"的主体是这些学生，他们能够决定自己和自己所在的公司使用哪一家快递公司。

试想一下，如果这个大学生在读书的时候用的是这家快递公司，而且感觉不错，毕业上班之后，这家快递公司的销售人员再向他推荐快递服务，他还会排斥吗？

这就是我们在"售前"影响客户决策的一个典型案例，除此之外，上文提到的"微营销"、成为"问题咨询专家"都是在客户的决策标准还没有完全建立之前，购买行为尚处于"发现问题"与"确定需求"初期阶段，施加影响的好方法。

2.售中

到了客户的"确定需求"后期和"评估方案"阶段，客户对自己的决策标准已经有了一个相对清晰的认识。对于销售人员来说，到了售中阶段，应该如何影响客户决策呢？

我们重点来说"给出更适合的解决方案，改变客户的购买决策"这种方式。

每一家企业的销售人员都希望客户选择自己的产品或服务，但**客户有自己的选择标准，还会把这些标准按照重要性从高到低进行排序**，以此决定选择哪一家企业。但对于企业来说，客户的决策标准排序很可能不利于你，你具备的优势客户可能并不看重。

比如"快速交付"是你所在公司最大的优势，相应的产品报价比同行要高出10%，而目标大客户选择供应商的第一标准是价格，其次才是交付时效和安全性。

首先，**我们绝对不能直接反对或者贬低客户的决策标准**，没有人喜欢被否定，更何况是甲方？

因此，我们要做的第一件事就是认同客户的决策标准，做到"**先求同，后存异**"，先稳住客户，而后让客户慢慢接受。具体应该怎么做呢？

（1）引导客户增加决策标准

比如一个电商卖家对于物流供应商选择的主要标准有三项：价格、时效、破损率。这一看就知道是客户的供应链部门或者采购部门制定的标准，但"价格"恰恰不是我们的优势。

这时候可以引导客户增加"同行业成功案例"或者"C端客户物流服务投诉率"等评价标准，因为这些是从"影响销售额"的维度增加的标准，客户比较容易接受，而且我们很容易从客户那里找到"同盟军"，比如客户的销售部门、售后部门等。

当然，最重要的还是我们在这些项目里更有优势，**增加的此类标准越多，越能够稀释"价格"这一项的重要性**，对于以"服务质量"取胜的供应商越有利。

（2）引导客户重新定义关键标准

例如，客户最看重"价格"，而对于"价格"，客户给的定义仅仅是运输价格，但如果客户的店铺物流时效达不到要求，很可能会引起客户拒收、退货等，直至影响电商店铺的评分，造成销量下降，这些都是客户没有考虑的成本。

因此，我们可以抓住这个决策标准的"漏洞"，证明自己来改变客户的决策，为自己赢得机会。

（3）引导客户放大某些标准的重要性，调整决策标准的排序

客户的决策标准会按照他认为的重要程度进行排序。我们可以把某些标准的重要性放大，让它在客户决策时变得更加重要。

这里所说的"某些标准"自然就是与我们的优势相匹配的标准，比如"破损率"。如果我们能够把破损率控制在1%以内，而竞争对手破损率基

本上在3%以上，我们就可以在这一项上加分。

举个例子，我们的客户是一个卖马桶的，如果破损率过高，不仅会造成成本上的损失，严重的会耽误客户装修工程的工期，损失就大了。

比如上文案例所说：我们能够提供上楼服务，竞争对手不能，虽然看起来竞争对手能够通过某种服务方式弥补，而且价格比我们便宜不少，但是对于生鲜类客户，如果不上楼导致顾客食用了变质的食物，造成的损失和影响可能无法估量。

因此，通过沟通，让客户充分认识到某些标准如果不重视可能会造成非常严重的后果（这也是前文所说的"深挖问题"的作用），客户就会做出相应的改变，即使不改变，他在决策的时候也会有所考虑。

（4）推动客户做出"取舍"

如果我们发现客户的决策标准已经很难改变，就要通过列举事实让客户知道享受某种服务就必须付出某项成本，**让客户意识到"一分钱一分货"及可能的"风险"来推动客户做出取舍**，往往能够达到让客户改变决策的效果。

（5）创造"可替代性方案"

一家生产汽车零部件的企业进行物流招标，要求物流企业必须在接到4S店订单之后48小时内将零部件送达，当别的物流企业还在拼命测算如何派车、配载、设计路线的时候，其中一家直接提出了"在经销商所在区域设置仓库"的方案，并把送货时间承诺提至24小时以内。

相信这种方案即使贵一些，客户选择的可能性也非常大。

也就是说，**我们可以通过自身的优势提供一套方案直接代替客户认为的可行方案，进而完全改变客户的选择标准**。

不过，要做到这一点很难，要求供应商对于客户、客户所在的行业、自身优势及这些优势如何能够从根本上解决客户的问题都要有充分的了解。

客户在启动任何一个购买行为的时候都会有一套决策标准，如果做到销售成功，要么能够迎合这套标准，要么能够改变这套标准。

而改变标准让标准更有利于自己，才是销售人员面临的必修课。

但有一点一定要澄清，**我们说的"引导"绝对不是"误导"，"影响"绝不等于"欺骗"，一切销售行为都必须为客户创造价值**。

3.售后

很多销售人员，尤其是大客户销售，在完成一单销售任务之后感觉万事大吉，理所当然地把其他任务交给运营部门，自己马不停蹄地开发另一家，殊不知我们还有一件非常重要的事情要去做。

物流公司的大客户销售小王开发了一个家具客户，这个家具制造企业为很多地产商的高档楼盘供货，产品设计新颖、性价比高，销往全国各大城市，最近，他们中标了××地产在南京的一个高档精装楼盘项目，准备4月份开始送货。

而小王能够中标，最大的原因是其公司在南京该楼盘所在地能够提供上楼安装服务，这是别的物流公司做不了的，最起码暂时做不了。

接了这个大单之后，小王很开心，而且项目已经开始运作，效果很不错。这时候，小王做了一件非常用心的事，他不断地给客户发现场照片及服务效果报告，目的就是向客户传达一个信息——采用这种服务，你会很满意，以后都按照这个标准来，你会持续满意。果不其然，客户在其他城市的物流服务都选择了小王所在的公司。

在这个案例中，小王通过一个差异化优势获得了订单。可贵的是，他在**完成订单以后持续对客户的决策施加影响，把交付过程中的差异化优势变成了客户再次选择供应商的标准，在改变客户决策标准的同时给竞争对手也设置了门槛。**

这就是我们在"售后"过程中影响客户决策的标准，所要影响的不单单是现在的业务，而是能影响后续业务。

（三）通过客户影响客户决策

想必很多人都玩过一个叫"传话"的团建游戏：让两组人排队站好，给每组第一个人看纸条上的一句话，看完把纸条收回来，让他通过肢体语言以最快的速度传递给第二个人，依次传下去，让每组最后一个人把理解到的意思大声说出来，看哪个组最先完成。

结果多是和纸条上原话意思有很大差别，而且传递的人越多差别越大。

这种"传话"带来的误差在销售过程中同样存在，因为对于一个大客户销售来说，并不是客户在做决策的时候你都会在场。**需要有人帮助传递信息而且要确保不失真，以便影响我们不在场时的决策。**

上文说过："销售过程如同一台戏，而销售则是这台戏的导演。"对于每个"角色"我们不可能亲力亲为，但你一定要告诉每个角色应该如何演好。

也可以说，我们要**教会客户在背后如何评价我们**。

要达到这种效果，最好的方式莫过于让接触到的客户记住我们的"好"，也就是我们能够带来的价值。那么应该如何做呢？

- 在口头汇报的时候，我们要把自己方案的"价值点"清清楚楚告诉客户，让他有一个较为深刻的印象。
- 在我们向客户说明"用我们有什么好处，不用我们有什么坏处"的时候，要用"深挖问题"和"情景问题"的方式来展现，这也是**为什么要通过"问题"而不是"叙述"来表达"价值"的原因，问题能够引发客户思考，记得更清楚**。
- 在会议沟通之后，第一时间把会议纪要发给客户，在会议纪要里要把我们的价值点再次清楚列举出来。发完会议纪要之后，可以给客户发感谢的话，同时告知我们已经发了会议纪要邮件，请他过目。

这样，客户在向上级汇报的时候手头就有一份书面材料，如果他讲得清晰、说得明白，我们通过客户影响客户决策的效果不就达到了吗？

（四）通过评价竞争对手影响客户决策

作为一个有经验的销售人员，大家都知道，在客户面前说竞争对手的不好是大忌，但有些客户就是想听我们自己说出比竞争对手好在哪里。

出现这种情况很容易理解，说明客户认为我们和竞争对手都挺好，他难以取舍，只是想从我们嘴里进一步验证自己的判断而已。

所以，我们回答的时候就要注意技巧了，依旧是要坚持不刻意贬低竞争对手的原则——即使要贬低，也要有理有据，让客户信服，不能对我们产生反感。

客户："听说××快递比你们快两天，是不是这样？"

销售人员："整体来讲××快递比我们的时效快一些（如果客户说的是事实，我们就要先表示认同），主要原因是他们的航空线路覆盖较全，省内如果是不走航空的话，大家都用的是汽车运输，时效是差不多的（说明时效快与慢的原因），贵司的产品在广东、福建卖得非常好，主要发货区域在广州周边（说明我们对客户的了解），我们的时效与××快递是差不多的，有些线路因为我们是点对点发货，相对更快一些（说明我们比竞争对手做得更好的地方）。"

客户："你们的破损率控制比××快递怎么样？"

销售："破损会对咱们的客诉、回款都有很大影响（先认同客户对于破损率的关注）。我们针对贵司类似的货物有专门的包装方案，还有单独的标签识别，快递员能够做到轻搬轻放，破损率能控制在2个点以下（说明我们的优势），其他物流公司目前基本上都在5个点以上（说行业，不直接说哪一个竞争对手做得不好）。"

如果想要通过评价竞争对手对客户决策施加一定的影响，需要注意两点：一是用事实说明我们哪里做得更好，也就间接地说明了竞争对手做得不好；二是不直接点名哪一个竞争对手做得不好，突出说明我们的行业竞争优势即可。

本章关键点总结

（1）"先诊断，再开方！"

（2）我们买一件商品，一定是认为它能够带来的价值大于我们付出的成本。

（3）在你开口问问题的那一刻，客户就已经开始判断你的专业性了。

（4）拜访的时间是有限的，销售人员就是要让客户在有限的时间内看到无限的价值。

（5）设计出以前客户的"失败故事"，能够让目标客户认识到如果不作出改变，目前遇到的难题可能引起更严重的后果，同时通过这种方式也能够提升客户购买的迫切性。

（6）逐渐建立一个分行业、分领域、包含成功与失败故事的"故事汇"。

（7）找到有迫切需求的客户，是我们提升销售效率的重要手段。

（8）使用"愿景问题"能够引发客户的思考，让客户想到将来能够获得什么样的利益。

（9）当客户真正认识到"解决问题的紧迫程度"大于"解决问题的成

本代价"时，购买行为才会出现。

（10）按照客户分类，逐步建立"问题库"。

（11）我们发现客户已经有了自己的购买决策之后，切不可马上否定这一决策。

（12）如果要重塑客户的购买决策（不管是增强还是改变），我们的流程是：承认客户已有的购买决策的合理性——确定购买决策的标准——诊断——根据诊断结果匹配我们的能力和产品——增强或者改变客户的购买决策。

（13）客户的决策标准才是我们努力的方向。

（14）客户有自己的选择标准，还会把这些标准按照重要性从高到低进行排序。

（15）认同客户的决策标准，做到"先求同，后存异"。

（16）需要有人帮助传递信息而且要确保不失真，以便影响我们不在场时的决策。

（17）不直接点名哪一个竞争对手做得不好，突出说明我们的行业竞争优势即可。

第七章
"风险评估" VS "顾虑排除"

第七章 "风险评估"VS"顾虑排除"

我们在网上买东西的时候，购买之前，一般都会看看其他顾客的评价，如果差评太多，或者差评里面恰好有我们比较顾虑的问题，往往就会决定不买。如果买的东西是价格昂贵的大件商品，越到最后越是犹豫，总感觉还有什么没考虑周全、有什么风险没有考虑到。

当我们要把金额较大的产品或者服务售卖给客户的时候，客户在决策前也会有这样、那样的顾虑，而且会通过各项评估、论证来降低或者排除可能存在的风险。

在上一章"价值等式"中说过，只有当客户真正认识到"解决问题的紧迫程度"大于"解决问题的成本代价"时，购买行为才会出现。而"风险"同样是"解决问题的成本代价"中非常重要的一个方面。

曾经有一个朋友跟我说了一件事，他们在争取一项业务的时候，不管是价格、方案客户都很满意，而且这个客户是老客户，对他们的服务也认可。但到最后，客户决策委员会发现他们承接的业务比例已经占了总业务量的近50%，再拿下这笔业务就会超过50%，鉴于"公司业务不能被一家供应商控制"这一风险考虑，最后把这个项目交给了他的竞争对手。

由此可见，"风险"不单单是"成本"中非常重要的方面，由于其很难量化和预测，这种"成本"可能还会被无限放大，成为我们丢单的一大隐患。

在这个阶段，我们一定要弄清楚经过前期沟通之后客户到底还有没有对风险的顾虑？这种顾虑是什么？顾虑背后的真实原因是什么？我们如何及时排除？

一、顾虑产生的原因

我们先来看看客户在决策前"顾虑"产生的原因：

（一）订单金额较大

订单金额越大，决策失误的后果也就越严重，客户决策也就越谨慎，产生的"顾虑"也就越多。

（二）订单受到的关注度较高

有时候一个订单数额并不大，但是公司从上到下都比较关注。比如工厂机器核心部件的采购或一项关键业务的首次外包等，这时候如果出现决策失误，很可能会影响自己的职业生涯，采购决策者就会比较谨慎。

（三）更换供应商

当一家供应商已经服务这个客户多年，如果采购方要更换供应商或者引入新的供应商，往往会带来"不确定"的风险，这就需要足够的更换理由进行支撑，决策者需要承受较大的压力。

（四）采购新的产品或者服务

对于甲方来说，继续采购已经在使用的产品和服务是相对安全的，如果尝试创新，特别是原有的产品和服务没有太大问题的时候，决策者就要承担"改变"带来的风险。

（五）供应商自身出现与"标的"相关的负面消息

比如供应商的资金链出现问题、某项认证没有通过等，这会大大增加采购决策者对其未来风险的担心和顾虑。

另外，客户的规模越大、决策流程越长、参与决策的人越多，"顾虑"就越会被放大。因为在决策过程中，当一个人提出对某种风险的顾虑，其他人在没有足够的专业知识或者有力的证明时，很难对这种"顾虑"澄清或者反驳。

所以，在很多决策会议上，当一个部门站在自己部门的立场上对某个供应商提出了风险考虑，其他部门会保持沉默，这无形之中就放大了这个"顾虑"的破坏作用。

由此可见，我们对"顾虑"事前防范尤为重要。

二、"顾虑"的表现形式

出于对风险的担忧，客户会表现出诸多顾虑。在很多情况下，客户不会把自己的顾虑直接说出来，而是通过其他形式表现出来。

比如客户感觉你的公司实力较弱，担心承接这么大的项目后会出现问题，或者认为你的公司刚进入这个行业缺乏经验，但又不好直接说。

作为客户，如果对供应商产生顾虑，担心可能存在的风险，他的表现可能是：

- 重提原来已经解决过的问题。这说明他依旧存在这方面的担心，还没有彻底打消这种顾虑。
- 突然大幅压价。这么做的目的：一是感觉你已经无法消除他的顾虑，干脆提出一个"过分"的要求让你知难而退；二是他认为如果你真的能做到这个价格，降低的成本就能够支撑"风险"带来的成本增加。
- 总是在无理由地推迟决策或者干脆不和你见面，这说明客户已经在考虑别的选择了。
- 屏蔽信息。有些信息和数据是在业务推进过程中是必须用到的，你发现客户不再愿意提供给你了。
- 告诉你这个业务的决策部门有变化，开始"踢皮球"。

作为销售人员，我们很难知道客户内部的每一个变化，但要时时关注以上信号，一旦出现，就说明客户对于选择我们已经有了很深的"顾虑"。

首先，我们不能被客户提供的"理由"迷惑。其次，要抓紧时间和客户沟通，找出客户担心什么样的风险。

三、充分重视客户的"顾虑"

客户心中产生对于某种风险的"顾虑"一定有他的理由，无论这些担忧是有事实依据还是想象出来的，甚至有些"担忧"在乙方销售人员看起来有些可笑，我们都绝对不能轻视或者忽视这些"顾虑"，或者像一些销售人员一样，客户提出自己的担忧之后，马上拍胸脯说道"放心吧，这种事情我们处理得多了"或者"您说的这是小问题，完全不用担心"之类的话。

这种"拍胸脯"不仅会让客户对风险的顾虑加深，甚至会直接惹恼客户。

去4S店买车，有一款车很中意，但是前段时间听说这款车被召回过，原因是刹车系统出现过问题。

我问4S店的销售人员："这款车的刹车系统是不是不太好啊？"这时候，有经验的销售人员会意识到这是我对"安全风险"的担忧，会说："这款车原来刹车系统有些问题，某年生产的一批车还被召回过，但并不是硬件的问题，而是一个软件的问题，这些新车都没有这个问题了。"说完,还把当时召回的文件拿给我看。如果他这样处理,我的顾虑不仅会消除,还会认为这个销售人员很专业。

反之,若是销售人员这么回答:"放心吧,这个品牌的刹车系统绝对不会有问题,您尽管开!"接着介绍这款车各项优点,我也没有耐心再听他说下去了。

客户能够表达出来顾虑是一件好事,说明他确实是在考虑购买我们的产品,正所谓"嫌货人才是买货人",那么我们如何来正确地处理这些"顾虑"和"担忧"呢?

四、合理应对客户的"顾虑"

前段时间小李去买一款保险理财产品,对这家保险公司的抗风险能力表示自己的顾虑,我们来看看保险经纪人是如何打消小李的顾虑的。

小李:"你们这款产品的抗风险能力怎么样,不会到时候兑现不了吧?现在不少保险公司都撑不下去了。"

经纪人:"现在有些保险公司确实出现了经营风险,李先生,您担心的是咱们这款产品到期兑现不了,还是觉得我们保险公司会有经营风险啊?"

小李:"还是担心公司有风险。"

经纪人："您的担心可以理解，也有一些客户刚接触我们公司产品的时候会考虑这种风险，毕竟购买的金额不小，兑现周期也比较长。

不过，这款保险理财产品是近十年的老产品了，历史收益一直在五个点以上，这款理财产品的产品经理是××，投资很稳健、在业界非常有名（虽然我没有听说过这个人，但他的名字能够被说出来，我觉得还算靠谱）。

我们公司现在是世界500强，也是上市公司，在财报上您也能看到，它的经营状况一直非常健康（虽然我去看财报的可能性不大，但是我还是能认可上市和世界500强的实力）。退一万步讲，根据《中华人民共和国保险法》规定，即使保险公司倒闭，保单依然会由其他保险公司接管，保障权益不会受到影响，所以咱们的权益还是有兜底的。"

小李："这款产品投资的方向会不会有风险？"

经纪人："咱们这款保险产品下一步重点投资的是养老领域，公司已经在全国重点城市购地，以后养老产业是个热门领域，而且我们买的这些地段都在三甲医院旁边，升值空间很大，您还担心什么？咱们这个城市的养老园区已经在建了，明年下半年就能开业，下周您要有时间可以陪您参观一下。"

他的说法还是在很大程度上减少了小李的顾虑。

这位经纪人应该是经过"打消客户顾虑"方面的培训，我们一起来看一下具体如何操作：

- 倾听客户的顾虑。
- 澄清客户的顾虑。
- 认同客户的顾虑。
- 为这个顾虑提供解决方案或者成功案例。
- 明确下一步行动,证明自身能够进一步消除这种顾虑。

在作出购买决策前,客户经常会表达一些顾虑。实际上,客户会寄希望于销售人员帮助他来排除购买的风险。如果销售人员能够应对得当,就可以让客户坚定购买的信心。反之,则会让客户感觉风险更大,最终放弃购买。

(一)通过"协同"减少客户的"顾虑"

上述案例中,所说的都是"一对一"地减少客户的顾虑,在实际销售过程中,尤其是大客户销售,我们很可能是要"一对多",甚至"多对多"地降低客户对风险的担忧。

所谓"一对多",就是一个销售人员要面对客户的多个部门或者领导,而"多对多"是销售人员要和自己公司不同部门协同来面对客户。购买过程周期越长,涉及客户人员越多,对销售人员的协同能力要求就越高。

这种内外部的协同对于销售人员是很大的挑战,但销售人员天生具备的双重角色——"在组织内部代表客户,在客户面前代表他所在的销售组织",要求他必须把这个担子挑起来。

（二）协同计划

比如我是一个CRM系统的销售人员，和客户谈了几轮以后，双方沟通得很顺畅，客户的决策者发话了："根据咱们谈的内容拟一个推进方案吧，双方都出一个牵头人，我们这边就由技术部的王总负责……"

听到这话确实值得高兴，我们的销售流程推进了一大步，但也是新考验的开始。一方面说明客户初步认可了方案，另一方面说明内外部协同工作正式拉开序幕。

在这里有一点要注意，我们要先考虑客户要求先拟一个推进方案是不是出自真心。很多时候，客户会说"你们先出一个方案，咱们再讨论"，或者"你们先初拟一个计划，我们报给领导看看"。这时候如果销售人员回去做方案，结果很可能是方案交给客户后石沉大海。

如果我们想判断客户是不是真的期望有一个"方案"或者"计划"，很重要的标准就是看客户愿不愿意投入时间和精力，愿不愿意协同。

这一点我们可以通过"协同计划"来实现。

下面我们看看客户协同计划应该怎样起草，如表7-1所示。

表7-1　客户协同计划

事　件	时间	是否完成	负责方	负责部门	负责人	是否继续	是否收费
与技术部王总进行沟通	3月6日		甲/乙				
双方签署保密协议	3月7日		甲/乙				
与销售部刘总进行沟通	3月8日		甲/乙				

续表

事　　件	时间	是否完成	负责方	负责部门	负责人	是否继续	是否收费
与售后部门赵总进行电话访谈	3月9日		甲/乙				
与技术部门王总沟通方案整体方向	3月12日		甲/乙			是/否	
现场办公2天确认业务流程	3月14—16日		甲乙				
乙方内部方案沟通会	3月18日		乙				
甲、乙双方方案沟通会	3月22日		甲/乙				
高层方案汇报会	3月27日		乙			是/否	
方案审批	4月5日		甲				
合同签署	4月10日		甲/乙				
系统上线准备会议	4月13日		甲/乙				
系统上线	4月15日		乙				
第一次复盘会议	4月22日		甲/乙				

当甲方指定了对接人员以后，作为乙方的销售人员，要尽快起草"协同计划"，主要有以下几点。

1.协同计划的目的

（1）和客户绑定在一起，共同推动业务的进展

由于甲乙双方事实地位的不对等，乙方的销售人员觉得自己应该把很多事情先做完再向甲方汇报，能不麻烦甲方就不麻烦，而这样做的结果往往事与愿违。要想合作成功，必须一起重视、一起参与、一起投入。

（2）防止遗漏任何一个相关人员，任何一个关键事项

第七章 "风险评估"VS"顾虑排除"

销售人员要"一对多",甚至"多对多"地降低客户对于风险的担忧。既然如此,我们在"协同计划"中就不能漏掉任何一个相关的人员或者事项。

曾经有位学员张先生给我讲了一个至今让他懊恼不已的经历。

张先生是一家大型软件公司的销售总监,有一天,他得到消息一家知名企业准备更新生产管理系统,因为还没有进入这家企业的供应商资源池,他就多方打听,看看能不能有认识的朋友帮忙。令他喜出望外的是这家企业主管生产的副总裁竟然是他的一个校友,在学校里经常在一起打球。

很顺利地约到这位师兄,张先生专程飞过去,晚上一起吃饭。席间,张先生说起他们公司的系统能给师兄部门及公司带来的好处,也许是聊得太开心,张先生开玩笑说师兄的生产系统就是小马拉大车,现在落后同行好几条街。

师兄也表示对现在的系统有诸多意见,对他们的技术部门"不作为"很是不满,并承诺一定把张先生推荐给公司。

没过几天,这家企业采购部的员工给张先生打电话,要求张先生把技术资质寄给他们先做评审。

张先生第一次寄了材料以后,得到的反馈是缺了一份很重要的资质文件,张先生以为自己忘了,赶紧安排寄了第二次,并且很细心地打印了一份文件清单放在里面,结果第二次反馈还是缺资料。

张先生感觉很奇怪，眼看投标临近，他决定带着资料亲自去一趟，把资料送到这家企业的采购部后，采购部的同事很热情，直接把他带到技术部，同时告诉他，所有资质材料都要技术部的同事预审。当张先生看到接过资料的技术部领导冷冷的眼神，他大概明白了资料总是缺少的原因。

不出所料，张先生的公司最后没有进入资源池，校友师兄还因为这件事打电话说了他一顿："这么重要的资质文件怎么老是有问题？"张先生没说什么，只是一个劲儿地赔罪，并说下次一定注意，感谢师兄的支持，对于技术部的事一字没提。

两年以后，张先生的企业终于进入了这家企业的采购大名单，那时候技术部的人员都换了，其中留下来的一位老人告诉张先生，两年前，那位师兄副总在一次总裁办公会上说到了生产技术系统太落后，希望系统更新能够一并换掉，技术部的负责人听了很不高兴，两人当着总裁的面大吵了一架，其间还提到了张先生所在的公司及相应的技术。

从张先生的故事能够看到，我们在联系大客户的时候，一定要对大客户内部之间关系的复杂性有充分的心理准备，而且要搞清楚我们在不同阶段要重点关注客户哪些部门。因为在不同阶段，客户不同部门起的作用不同，与这些部门的协同工作在"协同计划"中要予以体现。

（3）让决策者随时了解业务的进展

有位销售人员在推进业务落地的过程中与具体负责的部门协同得挺好，项目前期筹备也很顺利，但突然有一天客户总经理介绍了一个竞争对手。销售人员和客户的业务负责人都很惊讶,以为总经理是不是对项目的推动有什么不满,后来才知道原来这位总经理忘记了已经指定一家公司在跟进这个项目。有一个供应商拜访他,就直接介绍了过来。

大客户销售过程决策周期较长,如果我们不能让客户的决策者随时知道项目的推进情况,上述事情就有可能出现。

因此,在协同计划中一定要把给决策人汇报或者需要其参与的环节列明,让决策人能够了解项目的进展情况。

2."协同计划"的注意事项

除了以上"协同计划"的内容,还需要关注以下事项:

第一,留出"是否继续"这一栏,意思是在这个节点,如表7-1当中的"与技术部门王总沟通方案整体方向",双方可以根据沟通结果确定是否需要继续推动项目往前走。这样做,一是向客户表明他在多个节点是有自主选择权的;二是让客户不要有太多的压力,因为有些客户会觉得让供应商前期投入这么多,万一不合作,感情上有些过不去,这种心理的存在反倒会影响客户的决定。

第二,留出"是否收费"这一栏,供应商在做前期准备工作的时候会产生费用。比如做一个系统的DEMO,或是试运作几单业务,我们要向客户说明这是会产生费用的,即使你没打算向客户收取,也可以写出来作为后续谈判的筹码,毕竟"没有"和"不要"是两回事儿。

第三,当我们起草了一个协同计划,以邮件的形式发给客户的时候,不要忘记在邮件的标题上注明"草案"两个字。这么做的原因是鼓励客户修改这个协同计划，他修改了，才说明他真的重视这件事，真的和别的部门沟通过了，只有参与进来他才会认真对待。

（三）通过"价值量化"减少客户的顾虑

我们要说服客户，减少客户的顾虑，最好的办法就是让他看到实实在在的价值，而且这些价值要"量化"出来。

价值量化的四个维度：

如果要量化给予客户带来的价值，我们可以从"**收入、成本、效率、体验**"四个维度来考虑。

例如，作为一家提供仓储服务的物流公司，客户对于我们能够给他带来什么样的价值可以这样描述。

收入：使用我们在广州、上海、北京三地的仓储服务以后，由于仓库全部采用智能化作业，您的货物全部可以在收到顾客的订单后24小时内发出，这就可以使您的电商店铺物流评分至少达到95分，您现在店铺的物流评分是80分。按照以往的经验，这种评分的提升可以为您带来10%以上的收入增长。

成本：使用我们在广州、上海、北京三地的仓储服务以后，货物在仓库的丢损率能够从现在的2%下降至0.1%，按照当前的储存货值计算，仅此一项每年就可以为您节省100万元左右的成本。

效率：我公司会根据你们企业店铺以往的地区销售额来预测华南、华东、华北的销量，依此来确定广州、上海、北京三个仓库分别要储存的商品种类与数量，这样可以大幅提升货品的周转效率，减少由于过度囤货造成的仓库积压和成本浪费，根据您提供的数据测算，预计周转天数能够从现在的20天下降为15天。

体验： 现在你们企业是广州一地发货，如果后期改为广州、上海、北京三地发货，顾客在购物后可以更快地收到货品。通过测算，顾客收到货物的时间能够从现在的5天下降为3天。同时，由于运输距离短、货物破损率下降，客户的购物满意度预计会提升5%—10%。

这四个维度作为量化的标准不需要全部展现，可根据具体业务进行选择。

进行"量化分析"一个很重要的目标是体现我们能够给客户带来的"改善"，这种"改善"是建立在清楚了解客户现状的基础上。因此，客户现状的数据获取及同口径的对比很重要。

也正是这个原因，在"协同计划"中设置的"与部门沟通、现场办公"等环节非常重要。我们也能够通过这些节点考察客户与我们的配合程度，并以此来判断业务继续推动的可能性。

有些销售人员可能会说，把这些价值清楚地量化出来，客户会不会把它们作为考核我们的标准，写到合同里作为约束甚至对赌条款。

这种情况在大客户开发过程中是有可能出现的，但这种情况出现带来的好处远远大于坏处。

首先，客户愿意把这个条款写到合同里说明他愿意与我们签合同。其次，我们的"改善"一定是建立在同口径下的改善，而且要规避其他因素的影响，对于这一点客户是能够接受的。

根据我们的"协同计划"，在业务推进到一定程度之后，往往需要向双方的决策团队进行阶段性的总结汇报，或者在合同正式签署之前与客户进行项目条款、价格方面的谈判。

这很像踢球时候的"临门一脚"，是我们降低客户对于风险的担忧、消除客户顾虑的关键一步。对于销售人员来说也是压力最大的时候，因为接下来要考验我们两项公众表达能力——演讲和谈判。

五、内部协同

"协同计划"是发给客户的，更是要发给自己人看的，它同样是内部工作推动的计划表。

如果内部协同做不好，不仅会影响工作进度，还会降低客户对我们的信任。

如何做好内部协同？

（一）与平行部门的协同

要做好与公司其他部门的协同，其中一个关键点就是要搞清楚兄弟部门的KPI到底是什么。

有些销售人员所在公司本身组织结构就很复杂，再加上客户业务的复杂性，需要调动不同职能部门、不同区域分公司，甚至其他子公司的资源共同协作，你就需要弄清楚大家到底"想要啥"，你的业务对于他们完成业绩有什么作用。

这实际上是一种"内部销售"，与面对客户的不同之处在于我们可以放心大胆地问这些兄弟部门的KPI是什么。

有一年，在一个大客户业务开发过程中，客户希望采购集团下属子公司的智能机器人，销售人员和子公司的负责人谈了几次利润分成，对方都不积极，但当说到销售收入全部给他们，而且可以由他们主导与客户的签字仪式，客户的热情度马上提高了。原来他们正处于快速市场推广阶段，看重的不是利润，需要的是收入和市场知名度。

对待技术、财务、法务等内部支持部门同样如此。

而作为销售管理者，一方面需要换位思考，站在兄弟部门的角度看问题；另一方面要站在公司整体利益的角度考虑问题。唯有如此，才能让人信服，与公司其他部门协同好。

（二）不做令人讨厌的销售人员

有些销售人员很不讨人喜欢，甚至没人愿意与他们共事，倒不是因为他们的业务能力不行，而是内部协同实在太差，具体表现如下：

- 动不动拿"客户"说事儿，兄弟部门答应他的要求还好，不答应就给别人扣一顶"不以客户为中心"的大帽子。
- 先向客户承诺低价，回过头来再向公司虚构客户规模与潜力，借以申请低价。

- 没有清楚了解客户真实需求的情况下，就向公司技术部门或者交付部门提出要求，出具方案，最后客户不认可，兄弟部门怨声载道。
- 为了签单，对客户作出超出公司交付能力的承诺，不和交付部门提前沟通，签了以后做甩手掌柜，做不好就怪交付部门。
- 认为自己的职责就是"跑客户"，其他都不关心。
- 把客户关系当成自己的私有物品，唯恐别人插手。
- 赢单了都是自己厉害，丢单了都是别的部门无能！

有人说："三流的销售卖价格，二流的销售卖产品、一流的销售卖人品。"这种"人品"的展现不仅体现在外部，还体现在内部。

（三）销售管理者如何与销售人员做好协同

在客户关系维护过程中，很多销售管理者不知道如何与销售人员做好协同与配合；不知道是应该帮助客户解决问题好，还是交给销售人员处理更好；不知道拜访客户的时候是自己主导好，还是让销售人员主导更恰当。

如果这种协同做不好，往往会出现以下问题：

- 客户只要有问题就跳过销售人员来找销售管理者。
- 销售人员怨声载道，要么认为领导不信任他；要么干脆把客户关系维护的事情甩给领导。
- 一旦领导哪一天因为精力或职位的原因无法为客户及时解决问题，客户就会非常不满，甚至认为领导不认真对待自己，进而影响业务合作。

那么，我们如何来规避这些问题的出现呢？

1.无不同，不出场

也就是说，如果你发现自己出面不能够带来与销售人员不一样的作用，就不要出面。聊需求、谈价格，销售人员能做的事情一定要让销售人员去做，而当客户要求必须对等职位人员出面以示重视，或者销售人员约到了客户高层，有销售人员不了解的业务等情况时再出面。

2.无销售，不见面

销售人员不在场的情况下，尽可能不要和客户见面。作为销售管理者，因为没有从头到尾跟进这个客户，销售人员原来和这个客户怎样谈的、客户内部人员之间的关系如何、服务过程中有没有什么问题等，销售管理者都不清楚，这种情况下和客户会谈往往不会有好的结果。

即使这个客户就是原来的老客户，也尽量不要在销售人员不在的场合下见面，因为对于见面会谈的结果，管理者需要转述给销售人员，这样往往会出现信息偏差。

至于在销售人员不知情的情况下拜访客户，那更是销售管理者的大忌。

3.分清角色和任务之后再拜访

在拜访前销售管理者和销售人员一定要分配好各自的角色与任务。前面说过，无不同，不出场。一旦出场，则需要各自演好自己的角色，清楚自己的任务。这种角色和任务的分配，销售管理者要主动和销售人员探讨，尊重销售人员的意见。

例如，这次拜访需要销售管理者出场，主要是探讨下一步业务合作方向，销售管理者可以和客户畅谈新的业务合作，如果客户提出来需要对已经合作的业务进行回顾，则销售人员把话接过去，主导来谈。

在这个过程中，销售管理者一定要注意的一件事情是"不要贬低销售人员"。比如有些销售管理者在听到客户的售后问题反馈之后会对销售人员说："小王，这件事你记一下，回去之后马上处理！""这个问题为什么到现在还没有解决？"或者干脆直接把销售人员狠批一顿等，这种情况如同家长当着客人的面打孩子，除了起到让销售管理者掩饰尴尬之外，解决不了任何实际问题，而且这些动作会让销售人员在客户心中的地位大大下降，后面的工作更难开展。

倒不如换一种说法："负责您这边的销售王经理给我反馈了好几次，他比您还着急，是我这边的问题，我们加快推动解决。"这样说不仅能够起到安抚客户的效果，还提高了销售人员的地位，至于销售人员确实有疏漏的地方，回到办公室再说也不迟，在客户那里不要乱了节奏和阵脚。

4. 做好内部协同工作更重要

要做好大客户销售，仅靠销售部门是不行的，需要联动多个平行部门共同为客户做好服务，比如财务部门、法务部门、技术部门等。在与这些部门协同的过程中，销售管理者要起到"铺路架桥"的作用，创造一个良好的氛围，销售人员和这些部门的员工合作就会更加顺畅，即使出现矛盾，领导出面也能够及时化解。

5. 及时从"客户关系主要维护者"的角色中退出

很多时候，客户会跳过销售人员直接找销售管理者解决问题，有些销售管理者会很积极地帮助解决，而且解决之后会给客户打电话说明。

但是，到后面，客户只要有问题就会找销售管理者，销售人员也落得清静。这时候销售管理者再想抽身就难了，客户找十次，解决了九次，有一次没有解决，客户都会不高兴，关键是管理者哪有这么多精力啊！

换一种做法：客户有问题找销售管理者，销售管理者先把销售人员叫过来，问清楚原因，如果销售人员能解决就让他解决，如果确实解决不了，帮助他解决，但是解决以后，让销售人员回复客户。后面你再给客户回复的时候一定要说明销售人员的成绩："那个问题我问了负责您那边业务的销售王经理，他比您还着急，好像现在已经解决了，给您回电话了吗？"

在销售过程中，销售管理者只有甘居人后，才能让自己的工作游刃有余、张弛有度，才能与销售人员默契配合、相得益彰，才能让自己的销售团队真正成长和进步。

六、演讲的内容与技巧

演讲技巧方面的书有很多，在这里和大家聊一聊作为一个销售人员在公开演讲时需要掌握的技巧。

你的演讲对象可能是面向某一家公司的客户，比如述标的时候；也可能是面对一个客户群体，例如在一些大型的产品发布会、行业解决方案说明会等。

当然，也有可能面对的是"内部客户"，如公司内部的客户需求说明会等，甚至是在年终汇报、晋升述职这种"推销自己"的时候，诸多场合都需要你发挥演讲技巧。

我也见过不少业绩出色的销售人员，在晋升述职时表现得局促不安，其他部门的评委看到他的工作职位是"销售"，下意识地认为一定是大大方方、能说会道，结果让人大跌眼镜，这种反差会让他丢掉宝贵的晋升机会。

所以，**对销售人员来说，要成为一名"三好学生"——想好、做好、讲好**。

在这里，我们用"解决方案说明会"这个场景来介绍销售人员需要掌握的演讲技巧。

设想这样一个场景，你是一名专门提供工厂生产信息系统的大客户销售，主要面向的是服装行业客户。最近，公司研发了一套智能化生产设备控制系统，在一次服装行业峰会上，为了向潜在的大客户介绍你的产品和方案，你需要发表半小时的演讲。

我们如何确保这次演讲成功呢？

（一）演讲的内容

正如克里斯·安德森在《演讲的力量》一书中所说的那样，演讲的目的是"点燃思想"。也就是说，一定要让观众在听你演讲的时候能够"有所得"，如同看一场电影，虽然演员都是大牌明星，个个演技了得，但是整个情节逻辑混乱、枯燥乏味，你会哈欠连天，甚至中途离场。

演讲最关键的是内容，其次才是技巧，忽略内容、只注重技巧就是舍本逐末。

销售人员的演讲也一样，我们一定要从客户的角度出发，想一想客户通过你的演讲能够获得什么，这是演讲成功的基础。

实际上，面向客户的演讲最终目的还是说服客户购买，在第四章我们讲述如何描述"核心型"能力的时候，推荐了一种"特点—优势—利益"描述法：

- 要描述你的产品或服务的**特点**。
- 说出你的产品或服务有什么样的**优势**。
- 最重要的是要讲清楚能够给客户带来的**利益**是什么。

我们在设计演讲内容的时候，同样可以用这种框架来准备。

在PPT的第一页就把演讲框架用目录明确地展现出来，先让听众对你所讲的内容有一个大概的了解。

演讲稿是演讲内容最重要的载体。一个优秀的演讲稿能够吸引听众的注意力，激发他们的兴趣，并传递有说服力的信息。以下是准备演讲稿时要注意的事项。

（1）明确目标、直奔主题

开场的时候，我们要明确这次演讲的目的："这次要向各位展示的是我们为服装行业量身打造的智能化生产设备控制系统……"

不要忘了，台下坐着的是客户，他们在听你演讲的时候，比普通听众更挑剔，更不希望你讲空话，演讲者开场明确目标、直奔主题，反而让大家容易接受。

（2）结构清晰，上下连贯

这样做的好处是让听众更好地理解你讲的内容，跟着你的思路走。同时，内容的连贯性也能很好地减少我们"忘词"的可能。

（3）内容简洁、形式灵活

避免使用过于复杂的语言或术语，语言简洁明了。PPT上千万不要满篇都是密密麻麻的文字描述，多用图片、视频这种展现形式。

我们在宣讲产品的时候面对的是客户方的领导或者部门负责人，他们不愿意在这种场合下听你不停地讲解专业知识。

多数情况下，这种对于产品介绍的演讲都放在行业会议的后半部分或者下午，那时候听众比较疲乏，吸引他们的注意力才是关键。

（4）巧用故事，引发好奇

一定不要忘了我们说过的"成功故事"，在这种场合下很好用，内容里一定要有所体现。当然，这种成功故事最主要的目的是引发客户的好奇心，会后找你打听。不要在公众场合把自己的方案说得太细，点到为止即可。

注意：不会讲故事的演讲者不是一个好的演讲者。

（5）严防错漏，不可超时

PPT里有错字、漏句是演讲的大忌，因为听众会认为你不重视或者不严谨，从而感觉你们的产品或者服务也好不到哪里去。

演讲超时同样让人不喜欢，不要想着自己多说一些会显得自己准备得更充分，听众更喜欢准点结束的演讲者，无论你的演讲多么精彩。

（二）演讲的技巧

演讲的内容准备非常关键，演讲的技巧也绝对不能忽视。

我们把它分为两个部分来说明：

第一部分叫作**"台下勤"**。也就是上台前我们要做好的准备工作，分为**"认清人""练好稿""穿好衣""吃饱饭""搭好台"**。

（1）认清人

上台演讲前要清楚地知道你面对的观众是谁，他们愿意听什么，在听你演讲的时候处于什么状态等。如果你面向的是生产或技术部门的负责人，而且是在下午演讲，不妨先放一段视频说明自己产品或服务的过人之处，先声夺人，在技术上先给大家一个震撼。

如果面对的是企业领导，就可以直接把成功故事抛出来，在"获利"方面让他们眼前一亮。

（2）练好稿

要做到"讲好"，首先要对PPT的内容非常熟悉，最好亲自准备要讲的内容，如果只是把技术或者运营等其他部门的材料直接照搬过来，上台讲会显得生硬。

自己写稿也是"练好稿"的前提条件，只有真正理解的东西才能流畅地表达出来。

我们不仅要熟悉每一页的内容，更重要的是熟练掌握每页之间是如何过渡的。这样做一方面能够大大降低"忘词"的概率；另一方面能够让听众感觉到我们对材料非常熟悉，体现演讲者的专业和用心。

管理学大师大前研一在《思考的技术》里面有这样一段话："一个优秀的提案者，一定能够一边想下一页的内容，一边做这一页的说明。这种情形就如同交响乐的指挥一般，如果一个指挥不能一边想接下来的乐曲结构，一边挥动指挥棒，就无法呈现悠扬的乐音。"说的就是我们对自己的演讲内容要有足够的熟悉度。

在练稿的时候切忌照着PPT的内容去读，因为你到台上不是念PPT给大家听的，屏幕上的内容观众都能看得到，关键是要"讲"。

这就要求我们在练稿的时候能"脱稿"，要用眼神来与台下的听众进行交流，而不是始终落在PPT上面。我们在讲解重点内容的同时，还要说一些PPT上没有的内容，

在重要演讲之前，叫上两个同事作为听众练一练也是很好的方法。要把每一次练习都当作正式上台，中间即使讲错或者忘词也要讲下去，以此锻炼临场应变能力。

（3）穿好衣

产品发布会、解决方案说明会等相对大型的场合，演讲者的着装需要正式一些，当然商务休闲装也越来越被大家所接受。

如果演讲地点在客户公司，我们可以提前询问客户对于着装方面的要求。

第七章 "风险评估"VS"顾虑排除"

有一次,我带一个项目小组为一家国际知名的汽车制造企业专门举办一场汽车供应链方面的产品说明会。这家企业大中华区的高管悉数到场,而我们却被拦在了大门外面,原因是我们这次上台主讲的一个女孩子穿了套裙,而这家企业有一个严格的规定:任何访客必须穿长裤,严禁露脚踝。

(4)吃饱饭

在演讲之前,我们的紧张感会持续很长一段时间,而且产品说明会往往会被安排在下午,偶尔前面的演讲嘉宾还会拖堂,轮到我们上台的时候可能已经五六点钟了。本来就因为紧张或者接待客户,午饭没吃上几口,到那个时间更是饥肠辘辘。

人在紧张的情况下会引起身体的应激反应,出现心率加快、血压升高等生理性变化,这些生理性反应又大大增加能量的消耗,加上还要上台演讲,大脑需要的能量更多,本来就感觉大脑一片空白,现在饥肠辘辘,肯定扛不住。

所以,演讲之前要保证自己有足够的能量摄入,再紧张也要吃饭。同时,包里可以放一些易消化的小食品,但是不能太甜、太咸。

最好能够带一杯温水,喝温水能够确保你的嗓子湿润。

(5)搭好台

在正式演讲之前我们要了解现场的环境。

多年前,公司有个销售负责人要演讲,提前让我帮他一起排练,我看出他很紧张,就对他说:"你可以打印一份演讲稿,上台的时候拿着,忘记内容了可以看看。"他回答："没事,我把电脑带着,放在演讲台上,看着讲。"我看到他蛮有信心的样子,以为他已经了解了现场的环境,也就没再说什么。

结果第二天到现场才发现,根本就没有演讲台,也没有前面的提词器,这一下他傻眼了,整场演讲磕磕巴巴,效果很差。

如果有条件,对于一些非常重要的场合,可以提前一天熟悉一下演讲环境,主办方一般都会布置好会场,我们可以试试话筒和翻页笔等硬件,熟悉舞台的大小和自己的站位等。

要注意的是,一定要提前演示一遍自己的PPT,注意是不是最新的版本、视频能不能放出声音、大屏幕上的字体和颜色有没有变化等。

即使不能提前去看会场的情况,第二天也要早去一点熟悉一下硬件环境。

第二部分叫作**"台上稳"**,也就是说,上台以后要"稳",要有自己的气势,能够镇得住场子。

具体如何做呢?我们分为:**"吸吸气""吼一吼""走一走""用眼瞅""多动手"**。

(1)吸吸气

上台之前,我们要调整一下自己的呼吸,深吸一口气,慢慢地吐出来,平复自己的心情。

有些演讲者喜欢上台的时候,拿着话筒使劲吹几口气,看起来是试一下有没有声音,最主要的目的还是缓解自己紧张的心情。

第七章 "风险评估"VS"顾虑排除"

我们可以用手指头轻轻点两下话筒，你就能听出来它有没有声音了，这样做看起来会文雅和卫生一点，毕竟后面还会有其他演讲者使用。

（2）吼一吼

在这里当然不是让大家演讲时扯着嗓子吼，而是腔调不要一平到底，这样容易让听众发困。要做到抑扬顿挫，介绍重点的时候，声音大一点、语气加重一点，讲成功故事的时候声音可以平缓一点，这样能够更好地吸引听众的注意力。

（3）走一走

在台上来回走一走，这样做有两个好处：

一是缓解自己紧张的情绪，上了台以后两腿发抖是很正常的事，关键是不要让观众看出来。来回"走一走"可以很好地掩盖你的"抖一抖"。

二是在台上来回走一下可以照顾到每个区域的观众，毕竟台下都是客户，冷落了哪一个都不合适。

"走"的时候有两点要注意：不要太频繁走动；要注意台上的地毯褶皱和台子的边缘，尤其是聚光灯照着你的时候更要注意。

（4）用眼瞅

在台上，很重要的一点是和观众眼神的接触，这一点对于高度紧张的演讲者来说确实很难，如果下面坐着的都是客户或者领导就更难了。

但是，眼神的接触恰恰是和观众交流非常重要的方式，眼睛是心灵的窗户，观众能够通过你的眼神判断你是否自信，而这种自信来自对演讲话题的把控、你的专业度、你的演讲技巧等。

你在演讲时表现出的自信能够让客户对你的公司和你本人产生信任。

如果我们的眼神始终平视,从观众的头顶掠过,谁也不看,那么需要眼神传达的信息也就没有了。

因此,眼神需要频繁地与观众接触,对于坐在前排的重点客户,我们的眼神可以与其有两秒以上的接触,当然不能老盯着人家看。

当眼神落在一个客户身上的时候,你也可以与其进行一些互动,比如说到一个产品有很好的效果的时候,可以看着台下的一位客户:"相信××公司的王总已经在我们这项服务上颇多受益!"再配合上一些肢体动作,对于气氛活跃、品牌背书都大有裨益。

(5)多动手

在演讲的过程中,肢体动作,特别是手部的动作对于强化含义及感情的表达也很重要。比如讲到重点的时候手往下挥,说到客户因为没有好的服务支持而无可奈何的时候,两手一摊等。

当然,手势动作只是演讲的辅助手段,需要简洁、协调、自然,如果感觉控制不好宁可不做,不能画蛇添足、弄巧成拙。

演讲的技巧说出来很简单,大家也能找到很多相关的书籍,最关键的是要通过悉心的准备和不断地练习降低演讲时的紧张和恐惧。

说完令销售人员紧张的演讲之后,我们再来聊一聊另一种让销售团队都紧张的客户沟通方式——谈判。

七、谈判的技巧

在给很多公司做销售管理咨询的时候，我们通常会对销售团队进行调研，看看大家都希望获得哪方面的培训、提升哪方面的能力。在每次调研的结果中，"提升谈判能力"方面的需求都会占到20%—30%，在诸多需求中，这个占比已经非常高了。

可以看出大家对于"谈判"这件事是又爱又恨，"爱"是因为大家对于"谈判"都抱有很多期望，希望通过谈判能够解决很多销售上的问题，"恨"是总感觉自己或者自己团队的谈判能力太弱，每次谈价格的时候都会感觉毫无招架之力，被客户推着走，因此迫切希望学些技巧应对谈判。

在介绍谈判的技巧之前，我们先来看看到底应该如何来看待"谈判"这件事。

（一）最好的谈判是"不谈判"

不知道大家小时候有没有这样的经历，父亲很严肃地对你说："今天晚上吃过饭咱们俩好好谈谈！"你心里七上八下，回想着自己这段时间的"斑斑劣迹"，估计今晚这不好过了。

作为乙方，销售人员和甲方谈判的感觉像"过堂"类似，通常是问题积累到一定程度，或者是双方的观点实在无法达成一致，最后双方才要坐下来面对面地谈判，而且这种谈判还会要求高层参加，这也是销售人员会对谈判产生紧张和恐惧的原因。

销售人员需要做的很重要的一项工作就是在项目推进过程中把小的问题化解掉，不要让它累积起来。事前预防一定优于事后补救。

环顾我们日常听到或接触到的那些谈判，小到你和老板谈薪酬，大到国家之间的贸易摩擦，大多是因为问题解决不了才会走上谈判桌，但谈判就一定能够解决问题吗？

所以，最好的谈判是"不谈判"！

（二）随时准备谈判

谈判并不一定是要双方面对面，你一言我一语地唇枪舌剑，它随时随地都可能发生。

比如你突然接到客户的一个电话："兄弟，那个价格能不能再让一让？"谈判开始了。

本来谈的是新业务，客户突然来了一句："这个业务如果也交给你们，原来的价格能不能考虑再降低一些？"谈判开始了。

你正带客户参观项目实施现场，客户皱起了眉头："这样施工怕赶不上进度吧？一定要再加一些人手才行啊！"谈判又开始了。

销售人员要有心理准备，客户随时可能会启动谈判，这就需要我们清楚自己的底线、自己能给予客户什么、希望从客户那里获得什么。

当然，为了防止客户突然提出一些令你措手不及的谈判条件，我们也可以运用"缓兵之计"。比如客户突然打电话来，你预感到客户可能"来者不善"，先不接客户电话，但是马上回一个信息："×总，我这边手头有点急事，您要是着急先发微信啊！"

先看微信内容再说，给自己一些思考和判断的时间。如果客户打电话是兴师问罪的，还是赶快接电话为妙。

既然我们随时准备谈判，有几个临场技巧还是要提前掌握的：

（1）绝不接受客户第一次提出的条件

如同谈判大师罗杰·道森在《优势谈判》里讲的"绝不要接受客户第一次报价"一样，当客户第一次提出一个谈判条件之后，我们先要本能地拒绝。

一对夫妇非常喜欢一家古董店里面的挂钟，来来回回看了很多次，但是上面750美元的标价让他们没敢去问。

这天，夫妇俩手头终于有了500美元的现金，准备去问问价格，去之前妻子对丈夫说："你不要上去就谈500美元，先从300美元谈起。"丈夫点头，心里非常佩服自己妻子的谈判技巧。面对店员，丈夫说出300美元的时候，店员面无表情地回答："可以，要不要给你们送到家？"

夫妻俩后悔了，为什么不说200美元呢？接着又开始想，这个挂钟是不是假的？拿回家，挂在墙上，虽然那个挂钟还是那么古色古香，但是夫妻俩怎么看怎么别扭，晚上也睡不着了，瞪着眼等着听报时是不是准点，或者干脆爬起来看是不是已经停摆了，没过几天，双双抑郁了……

如果那个店员经过一番激烈的讨价还价，再以300美元成交，那后面的情景是不是就完全不一样了？

客户提出一个条件，我们毫不犹豫地答应，他心里的反应一定是："他这么快就接受了？是不是有啥问题？看来他们的空间还不小，早知道应该再提出一些条件。"

我们正确的反应应该是表示惊讶。

"×总！这件事让我太难做了！"给出诸如此类的回答，不管这件事情对你来说有多容易。

（2）不要主动做出让步

不要主动说自己会让步到什么程度。

比如客户提出来"交付日期提前"的要求，我们不要主动去讲"最多提前一周"之类的话，要等着客户说出来想要提前多少，我们再想办法讨价还价。

如果有让步的必要，也要做到"不情愿""缓慢"地让步。

（3）第二次让步的幅度要小于第一次

如果你要买一套二手房，和房东讨价还价，第一次谈的时候降了一万元，第二次聊的时候降了三万元，你会怎么想？

"再聊一次估计降得更多！"

反之，你第二次跟房东聊的时候降了5000元，再聊的时候，嘴皮子磨破降了1230元，你会怎么想？"差不多了，看来确实是到底了！"

所以，第二次让步的幅度要小于第一次，第一次让步的幅度很重要，

第七章 "风险评估" VS "顾虑排除"

要控制好。

（4）每一次让步都要尝试得到补偿

让步的同时一定要尝试获得补偿，因为这时候不提出来，以后就没有这么好的机会了，**客户一旦获得你的让步以后，很快会把这件事忘记。**

"大哥，您说的这件事我想办法解决，领导那边估计很难申请下来，您也说说能给我什么，我也好跟领导提啊！"

在索要补偿的时候不要明确说出来你要什么，要让客户回答，说不定他给予的会超出你的期望，等达不到预期你再提要求也不迟！

（5）答应客户要求的同时给自己留有余地

很多销售人员怕客户小看自己，总喜欢在客户面前拍胸脯，表现得好像无所不能，一切尽在掌握中。但这种表现会很大程度上提高客户的期望，把自己逼到死胡同，降低客户对你的信任，因为你拍胸脯的承诺兑现不了。

比如客户问你能不能把交付时间提前一周，你感觉问题不大，直接答应了，结果回到公司一问才发现，技术部的项目排期已经满满当当，根本不可能为你的项目再增加人力，怎么可能提前一周！

没有办法，只能再去找领导想办法沟通，沟通失败之后你一肚子怨气，感觉都不把自己的项目当回事儿，客户这点问题都不能解决！

实际上，造成这种后果的最大原因是你的盲目承诺。

通过这一点我们能够看出，如果能够提升销售人员的谈判技巧，后面很多麻烦事就可以避免，因为**销售人员是公司与客户联系的纽带，这个纽**

199

带的工作做好了，就能起到四两拨千斤的作用。

因此，在给客户作出承诺的时候，即使你有把握解决这个问题，也要给自己留一些余地："我回去跟老板请示一下，半小时后回复您。""这件事得和技术部碰一下，很多专业技术方面的东西我确实不懂，您多理解，下午一定回复您。"先缓一下，你确认了之后再回复客户效果更好，因为客户会觉得他提的这个要求确实不是那么容易满足，也会感觉你做事稳重，对你的信任度也提高了。

（三）谈判中积极寻找第三种解决方式

前两天看了一个小视频很有意思：兄弟俩在一个房间里写作业，哥哥觉得屋子里有些闷，就打开了一扇窗户，结果一阵风吹进来，把弟弟的作业本吹翻了，弟弟很生气，和哥哥吵了起来，两个小家伙的声音越来越大，最后竟然厮打到一起。

听到动静的妈妈跑了进来，问清原因之后，二话没说，先是把房间里的另一扇没有对着书桌的窗户打开，把哥哥打开的那扇窗户关上，然后批评了兄弟俩。

我们在与客户谈判的时候也会遇到类似的情况，就一个问题争执不下，比如"价格"，就像两兄弟争执是"开窗"还是"关窗"一样，双方陷入其中不能自拔，形成一种"你赢我输"的局面，一旦到了这种程度谈判就陷入了僵局。

陷入僵局的谈判对于乙方显然更不利，作为乙方的销售人员，我们要积极想办法寻找"第三种方式"，找另外"一扇窗"，也就是搞清楚我们和客户利益诉求的差异到底在哪里，和客户一起商讨双方是否可以将利益点进行交换，比如以量换价、以账期换价等。

（四）关注"利益"而不是"立场"

谈判中要更多地关注利益的调和，而不是立场的统一，唯有如此，双方才能实现共赢，让我们的谈判更加高效。

我们不要和客户争一时立场之对错，更不可图一时口舌之快，最后清楚了对错，丢掉了生意。

（五）谈判过程中竞争对手突然抛出一个低价怎么办

在项目谈判过程中，客户很可能与多家供应商同时谈判，竞争对手也可能突然抛出一个比我们低一大截的价格，这时候应该怎么应对呢？

范厚华的《华为铁三角工作法》里面给出的方法很实用，叫"三看一定"。

一看客户的真实需求并分出优先级。就像上文说的买房子的案例，需求排序是：带重点小学学位（因为孩子再过一年就要读小学）；三室一厅或以上（因为父母需要同住）；价格在300万元以内。

这时候，你作为一个房地产中介，不去看客户的需求排序是什么，而是推送低价的房源，怎么可能打动客户？

对于我们来说，如果看到竞争对手抛出一个低价，千万别着急跟进，先看看客户的需求到底是什么，是方案的可靠性，是供应商品牌知名度，还是售后保障。

二看竞争对手能够抛出低价的原因是什么。是低质低价、解决方案简配、采取了更加合理的低成本解决方案，还是恶意竞争？

三看自身的目标和优劣势是什么。我们从这个项目中到底要得到什么，是利润、收入，还是要把这个客户拿下来作为标杆。我们的优势是什么，是方案、客户关系还是品牌？价格是否是我们的劣势？

做到知己知彼，我们再来定自己的策略，即"一定"。

- 引导客户关注产品和服务全生命周期的成本，竞争对手产品的低价往往是要客户付出更高的后期成本。
- 引导客户关注方案的完整性，现在的方案"偷工减料"往往预示着项目的"烂尾"。
- 引导客户关注公司的品牌知名度，小品牌意味着弱实力和高风险。
- 提供针对客户需求的增值服务，而不是直接降价。
- 提供更低成本的解决方案供客户比较。

谈判过程中，我们不能被竞争对手抛出的低价乱了阵脚，先稳住，再通过"三看一定"从容应对。

（六）永远让你的谈判对手感觉自己"赢"了

大客户销售小李经过一场艰苦卓绝的谈判终于拿下来一个大单，谈判虽然艰苦，但是小李和甲方的采购负责人老王都很满意，小李终于拿下了这笔数目可观的大业务，在价格方面也没有给予太多的让步，而老王也觉得自己已经把小李的价格压到底，为公司争取了最大的利益，双方都暗自得意地签订了合同。

一个星期后，老王陪同副总裁一起到小李所在的公司考察项目进展情况，各项工作进展还算顺利，晚上小李的领导请客，大家推杯换盏，都有了几分醉意，这时小李端着酒杯过来搂着老王的肩膀给他敬酒："王哥，感谢一直以来对兄弟的照顾！说句老实话，上次您要是坚持一下，我那个价格还真能再给您让个五个点。"

从这以后，小王基本没有再从老王手里中接到过任何大的业务，即使拿到一些小活，价格也被砍得很低。

价格没有真正的高与低，客户觉得低就是低；谈判没有真正的输与赢，客户觉得自己赢就是赢。最关键的是你怎样让客户感觉你的价格低，怎样让客户感觉自己赢，而且永远不能说破！

八、你的谈判对手会如何准备谈判

作为乙方的销售人员，我们主动发起的谈判相对很少，更多的还是应甲方的要求去参加谈判。这种情况下，甲方有充裕的时间准备这场谈判，我们来看看作为甲方的客户一般会如何准备一场谈判。

以一场"价格谈判"为例，甲方的目标是让乙方在下一年整体报价降低10%。

（一）事先准备，尽量不给乙方准备的时间

客户会给自己留充足的时间进行各项准备工作，但不会给乙方充分的准备时间，因为在这种价格谈判上，乙方准备得越充分甲方就越被动。有时候去谈判的销售负责人甚至都不知道谈判的目的，现场决定是不是要降价的情况屡见不鲜。

特别是对于一些"陪跑"的供应商，可能提前两天才知道有这种招标或者价格谈判，但是又不得不去。

任何一个甲方都愿意看到自己希望中标的乙方中标，不要抱怨这种"不公平"，因为没有人能够承受"意外"的供应商中标，这种结果带来的风险太大，不是降低一点价格能够弥补的。

（二）引进多家供应商，挑起价格竞争

通过谈判，客户既希望自己中意的供应商中标，又希望这个供应商把价格降到自己理想的范围。

为了实现这个目标，甲方会引入多家供应商，其中不乏那些迫切想进入甲方"资源池"的供应商，他们为了挤进来，通常不惜报一个超低价格，这样甲方"挑起价格竞争"的目的也就达到了。

（三）为每个参加谈判的供应商指定"内部支持者"

很多时候，销售人员会认为自己在甲方有一个可靠的"内线"，殊不知这个内线本来就是甲方安排的，该让你知道的告诉你，稍微敏感一点的消息含含糊糊就过去了。

当你信誓旦旦地告诉内线这次谈判志在必得，或者这次投标一定要拿下的时候，内线就会告诉公司你的价格可以使劲压一压。

要仔细考察你认为的"内线"，说不定是你的"心腹大患"。

（四）指定专门唱"黑脸"和"红脸"的人员

虽然说"黑脸"和"红脸"这种方法很老套，也容易被对方有经验的谈判者识破，但在面对面谈判的压力之下，这招依旧管用。

试想一下，如果你是乙方的销售负责人，坐在你对面的是甲方的供应链总监和采购总监，供应链总监黑着脸把你公司在服务过程中出现的问题摆出来，让你羞愧难当、无地自容。然后采购总监再心平气和地跟你谈降价的事，你可能知道这是"黑脸"和"红脸"的谈判手法，但那种心理上的压迫感也会让你就范。

（五）按逆向优先顺序进行价格谈判

当几家供应商同时和甲方谈判的时候，根据对供应商的了解，甲方会和有可能报最低价的供应商先开始谈，而把自己的意向供应商放在最后。

用意很明显，一是可以了解供应商能够给出的底价；二是通过拿到的价格去和意向供应商压价，甚至不惜透露别的供应商的价格。

（六）层层谈判，每谈一次就剥一层皮

有些谈判并不是一次性完成，而是会持续较长的时间，而甲方也会安排不同的人跟你谈条件。比如采购专员先和你聊一轮价格，然后采购总监和你的部门负责人谈一次，如果觉得意犹未尽再让副总裁谈一次。当然，每谈一次就会压一次价格，直到他们认为到了自己的理想价格范围。

因此，对于销售人员来说，不到迫不得已不要谈价格，更不能自己主动抛出价格，启动价格谈判，要给自己留有余地，不要过早让步。

（七）利用你的最后期限，打疲劳战

在一次大型谈判中，我们作为乙方被要求早上七点到达谈判现场，上电梯的时候我跟接待人员开玩笑："要求来这么早，中午你们要管饭啊！"负责接待的小姑娘很热情地回答："没问题！公司领导交代我们把晚餐都订上了，只不过都是汉堡薯条，大家别见怪就行！"

一听就知道必然是一场持久战！

结果到了会场，对方的采购总监信誓旦旦地发话："这次的报价就给大家一次机会，价低者得！"

不出所料，当天的谈判进行到了半夜两点，谈了七轮，其间还有接待人员过来询问："领导好，麻烦问下您今天的航班定了吗？我们会安排车。"

我们很有礼貌地告诉没有订回程票，虽然有人在默默地把自己的机票改签到第二天，因为我们不想对方知道我们的时间期限。

（八）至少放弃合作一次

在谈判中的讨价还价进行到白热化或者僵持阶段，甲方中扮演黑脸的角色可能会"愤而离席"，生气离开的同时还不忘痛斥："谈什么谈，不谈了！一点诚意都没有！"

客户知道，通过"放弃一次"往往能够试探出乙方的底线。

还有更狠的，那就是"真"的放弃一次与你的合作。

比如经过一天心力交瘁的谈判，当你迈着疲惫的脚步走向酒店的时候，突然接到你的"内线"口头通知："这次你们报的价格还是差了一些，原有的业务也要丢掉了，下一步由××公司承接，太遗憾了，以后争取机会吧！"

小心脏是不是瞬间拔凉，后悔当时为什么不多降一点。

第二天一早，"内线"突然来了电话："好消息，我们老板认为××公司在经营上有一定的风险，给你们争取了一个机会，如果再降两分钱，业务还是交给你们继续干！"这时候你降还是不降？

有些销售人员可能会说："甲方真的会在谈判上玩这么多花样？"实际上，我感觉自己说的以上八条还远远不够，相信大家碰到的场景远比上述复杂得多。

别忘了一句话：**"谈判是赚钱最快的一种方式，对甲方、乙方都是一**

样的。"

"风险评估"VS"顾虑排除"这一章是本书着墨最多的,这一阶段是合同签订前的"临门一脚",是买方与卖方关系最微妙的阶段。因为买方对于"风险"的评估并不都是向卖方明说的,而卖方要排除买方的"顾虑"很多时候需要通过间接的方式来实现,双方都在使"暗劲"。

因此,这一阶段也是对销售人员综合素质考验最大的,很多大单子前期做得挺好,跟着跟着就没了,问题大多出现在这个阶段。

本章关键点总结

(1)"风险"不仅仅是"成本"中非常重要的一个方面,由于其很难量化和预测,这种"成本"可能会被无限放大,成为我们丢单的一大隐患。

(2)客户心中产生对于某种风险的"顾虑"一定有他的理由,无论这些担忧是有事实依据还是想象出来的。

(3)出于对风险的担忧,客户会表现出诸多顾虑,很多情况下,客户不会把自己的"顾虑"直接说出来。

(4)客户会寄希望于销售人员帮助他来排除购买的风险,如果销售人员能够应对得当,就可以让客户进一步坚定购买的信心。反之,则会让客户感觉风险更大,最终放弃购买。

(5)我们想判断客户是不是真的期望有一个"方案"或者"计划",一个很重要的标准就是看客户愿不愿意投入时间和精力,愿不愿意协同。

第七章 "风险评估"VS"顾虑排除"

（6）协同计划的目的：和客户绑定在一起共同推动业务的进展；防止遗漏任何一个相关人员、任何一件关键事项；让决策者随时了解业务的进展。

（7）如果内部协同做不好，不仅仅会影响工作进度，客户对我们的信任度也会大大降低，随之而来的"顾虑"也会增加。

（8）作为销售管理者，一方面需要换位思考，站在兄弟部门的角度看问题；另一方面要考虑公司的整体利益。唯有如此，才能让人信服，进而做好与公司其他部门的协同。

（9）从"收入、成本、效率、体验"四个维度进行"价值量化"，减少客户的顾虑。

（10）对我们这些做销售的人来说，要成为一名"三好学生"——想好、做好、讲好。

（11）演讲最关键的是内容，其次才是技巧，忽略内容、只注重技巧就是舍本逐末。

（12）不会讲故事的演讲者不是一个好的演讲者。

（13）台下勤："认清人""练好稿""穿好衣""吃饱饭""搭好台"。

（14）台上稳："吸吸气""吼一吼""走一走""用眼瞅""多动手"。

（15）最好的谈判是"不谈判"。

（16）谈判的临场技巧：绝不接受客户第一次提出的条件，不要主动让步，第二次让步的幅度要小于第一次，每一次让步都要尝试得到补偿，答应客户要求的同时要给自己留有余地。

（17）销售人员是公司与客户的纽带，这个纽带的工作做好了，就能起到四两拨千斤的作用。

（18）价格没有真正的高与低，客户觉得低就是低。谈判没有真正的输与赢，客户觉得自己赢就是赢。

（19）"谈判"是赚钱最快的一种方式，对甲方、乙方都是一样。

第八章
"合同执行" VS "方案交付"

第八章 "合同执行" VS "方案交付"

一、危机四伏的"方案交付"阶段

"合同终于签下来了！"大客户销售小王长长地出了一口气，太不容易了！签下这笔大单真可谓过五关斩六将，费了九牛二虎之力，现在终于落地，怎能不让人开心！

虽然客户要求项目马上启动，小王还是决定给自己放一周的长假，好好出去散心，项目这边先由交付团队盯着。

当小王向总监张总请假的时候，张总有点犹豫，但还是批了假条，同时叮嘱小王一句："这个单子跟了这么久，确实辛苦了，好好休息！不过还是要关注项目落地的情况，刚刚开始交付，可千万不能出意外。"

但是，"意外"还是不出意外地来了。

一大早小王还没有起床，客户李总的电话就打了过来："订单全部卡住了，好像是你们那边系统接收的时候出了问题，赶快看看是怎么回事儿，我们总经理都在盯着呢！千万别让别人看笑话！"

213

小王哪还有心情休假，赶紧边打电话边往公司赶，又开始了一天的忙碌……

在大客户合同签订之后，最初的交付阶段也是最危险的阶段，如果是标准产品的交付还好一些，但如果是定制化解决方案的交付，我们要随时关注"意外"的发生。

因为在这个阶段，客户的热情度和期望值是最高的。在这里，我们用尼尔·雷克汉姆提出的"客户热情度曲线"来说明，如图8-1所示。

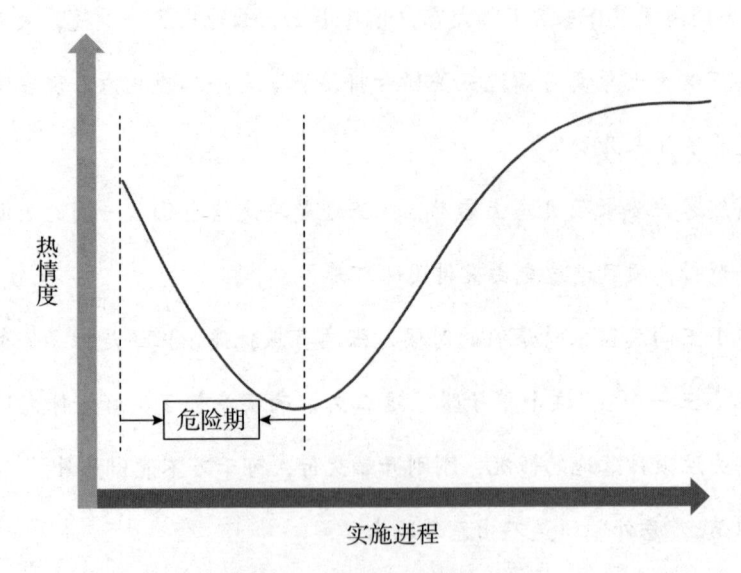

图8-1　客户热情度曲线

由于在购买流程的前期阶段，我们都是在塑造客户的期望、打消客户的顾虑，所做的重要工作基本放在"承诺"两个字上，一旦项目开始实

第八章 "合同执行"VS"方案交付"

施,就要进入"兑现"阶段。

在这个阶段,常常会遇到两个问题:一是客户的期望值很高,很难容错;二是客户执行层对于原有的工作方式、流程已经较为熟悉(即使原来的方式方法不好用),接受新事物有一个过程,甚至会出现排斥。

这和我们换新车一样,4S店的销售人员一定会把新车的优点表达得淋漓尽致,我们试驾的时候也感觉不错,等买下开上路,才发现有不少小问题和自己不适应的地方。

这时候,我们很可能会向原来的4S店销售人员咨询。如果销售人员能够很好地解答,协助度过这个"磨合期",我们的感觉会很好,对新车也会越来越喜欢。但如果销售人员不怎么搭理,或者扔给售后,我们心里就会不舒服。

如图8-1所示,随着项目的实施,客户的热情度会呈现V字形。

而大客户销售实际遇到的情况还会更加复杂,就像本章开篇小王的案例中,李总说了一句:"别让人看笑话。"就是因为在客户团队中,并不是所有人都欢迎我们进入,有些人可能是竞争对手的支持者,甚至一开始就反对这个项目,他们自然乐于看到项目在实施阶段出现问题,然后再说一些风凉话。

这种情况又会加速客户热情度的下滑,如果不能快速处理、马上改善,我们就会失去客户的信任,更不要提后续的业务拓展了。

二、"防火"是"灭火"的最好办法

我们在"方案执行"阶段出现的问题往往是因为在前几个阶段埋下了"雷"。

例如，我们忽略了客户技术部门的需求，结果方案执行的时候对方根本抽不出人手。

在我们一个项目落地的过程中，就出现过类似问题：客户技术部曾经给我们提出过，双方系统对接时，客户英国总部技术人员必须参与进来，这一点没有引起我们和客户业务方足够的重视，结果项目实施时间恰逢英国总部放假，没有技术人员愿意加班，导致整个项目延迟了一个月。

再比如是客户的"顾虑"没有能够有效地消除。

在一次投标过程中，客户的一位副总提出来我们的行业实施经验不足，要求书面提供更多的行业成功案例，结果由于我们公司在其他方面的优势较为明显，客户方总经理也希望项目尽快落地，于是我们只进行了行业成功案例的口头汇报，而且汇报的成功案例说服力也不够。

结果，项目实施的过程中出现了一些问题，那位副总在项目复盘会上把这些问题都归因于我们的行业经验不足，要求必须投入更多的人力、聘请行业顾问来补齐这个短板，否则项目暂停。

有些"影响"完全是销售人员单方面造成的，比如明明销售人员知道合同里有一些漏洞或者含糊不清的地方，为了快点签合同，不愿意提出来。

当然，我们不会刻意地欺骗客户，但是如果不把这些条款提前说清，妄想把问题放在签订合同之后解决，会出现客户"掀桌子"的局面。

因此，**我们如果要想在"方案执行"阶段少出问题、不出问题，一定要尽可能地预防问题，"防火"才是"灭火"的最好办法。**

为此，我们需做到"三要""三不要"。

三、顺利"交付"的"三要""三不要"

（一）三要

1.要让客户参与方案的制定

要让客户投入时间和精力，这样他们才会对项目更加重视。"参与实施方案的制定"就是其中一个很重要的方面，一旦这个方案客户参与进来了，有很大一部分是他的劳动成果，执行的时候再提出意见的可能性就小很多，反倒会帮助我们"摆平"其他不同的声音。

2.要提前做好客户各部门的协同

这里又凸显了"协同计划"的重要性，提前认清执行过程中涉及的各部门及其核心并做好协同，这样可以让我们在"方案执行"阶段阻力更小。

3. 要做好信息同步并让交付部门提前介入

这里说的仍是"内部协同"的问题，比如在后期的方案执行过程中会涉及参与交付的运营部门、技术部门等，我们要安排好这些部门的"进场"时间。到了一定阶段，可以一起拜访客户，让他们提出自己的一些疑问，也让交付部门有机会和客户的对应部门建立联系，这样有利于项目的落地。

（二）三不要

1. 不要过度承诺

不要为了签合同过度地向客户承诺，哪怕是口头的或者私下里的，一旦不能兑现，对你的伤害更大。

2. 不要抱怨和指责

在"方案执行"过程中出现问题，不要抱怨和指责交付部门，更多的是要提出解决方法或建议。如果我们的专业能力做不到这一点，那就做好客户与交付部门之间的协调工作。

3. 不要做"甩手掌柜"

客户丢了，损失最大的一定是销售人员，不管你有多委屈、你有多么不情愿去做收尾工作，你都要去做，而且要做好，因为你要为结果买单。

第八章 "合同执行" VS "方案交付"

四、小心"交接"让你丢掉客户

不少企业会采取这样一种客户开发模式：销售专注于售前，把客户引进来，称为"猎人（Hunter）"。客户经理（不同的公司有不同的叫法）专注于售后及客户挖潜，重点在于维护客户，称为"农夫（Farmer）"。

当一个客户被"猎人"开发出来以后，经过一个周期，比如一个月，就会把这个客户交给"农夫"。

这样做确实有好处，"猎人"和"农夫"本身的能力就不一样，大家术业有专攻、各司其职。

但是，对于有解决方案需求的客户，尤其是大客户，我们采取这种模式有可能会"伤"到客户。

比如，甲公司向乙公司采购一批电脑整机，不管这批整机数量有多庞大，乙公司的销售在合同签署以后就可以把售后工作交接出去。但是，如果甲公司需要的是一套定制化的IT解决方案，而且这个解决方案随着客户业务的拓展需要不断更新、迭代，这种情况下，销售人员就不能轻易地把客户交接出去了。

原因有两个：一是客户在前期和销售沟通定制化解决方案时投入了大量时间和精力，如果交接给新人，客户需要重新让新人熟悉业务。

没有一位客户有义务对乙方人员进行反复的免费教育。

二是交接过程中必然会产生"责权利"的交接，而这种交接过程，往往会出现一段时间的"空档期"。在此期间，很容易出现"互相推诿""客户找不到人"的现象。

一些鼓励业务新签的企业会制定措施促进"交接"，比如"猎人"只有新客户开发的提成，三个月之后提成就没了。这种激励措施下，销售人员自然会把重心放在新客户开发上。但有利就有弊，对于业务较为复杂、更需要稳定服务的大客户来说很不合适。

因此，我们首先要认识到客户在签订合同以后会有一段时间的"危险期"，在此期间交接，会大概率出现客户流失的风险。我们需要根据客户的特点来确定在方案执行过程中是采取"交接"的方式还是"客户终身责任制（即销售对于客户全生命周期负责）"的模式。

在实行"客户终身负责制"的时候，尤其是对于公司的大客户或者战略性客户，并不是让销售人员一个人把全部的客户开发和维护责任全部担起来，而是可以通过一种"铁三角"的组织形式确保交付质量。

五、搭建大客户销售"铁三角"组织

我们在开发和服务大客户的时候，经常会碰到以下困惑：客户一旦提出定制化解决方案的需求，销售人员就傻眼了，不知道如何处理；大客户合同签下来以后，售后问题没有专人盯，等到客户流失了老板才知道；对于大客户的需求，由于其具有个性化、定制化的特点，交付部门不愿意承接，或者干脆抵制。

第八章 "合同执行"VS"方案交付"

在谈如何解决这些问题之前，我们先从客户的角度出发来看看这些大客户的需求到底是什么。

首先，我们在上文说过，大客户需要的是一个销售人员或团队持续服务，他们不希望今天找销售人员、明天要找客服人员、后天还要和运营人员打交道，尤其是客户业务的负责人更是如此。

其次，大客户对于我们产品的需求往往是多方面的，比如客户把运输业务交给你，感觉你做得不错，仓储业务也交给你，甚至会把整个物流环节都打包交给你，接还是不接？要不要给客户做一个整体的解决方案？

最后，大客户的组织也很复杂，采购部把业务交给我们，实际的使用方是客户的物流部门，而结果好坏会体现在客户的销售部门和售后部门，这些部门可能没有"决定权"，但他们有"否决权"，正所谓"客户的客户才是我们真正的客户"，我们必须满足这些部门的需求、把这些关系维护好。

从大客户的需求来看，如果我们想把大客户做好，想获得大客户给我们带来的品牌效应，就必须有一个专门的人或者团队来服务。在这方面，有的企业寄希望于"全能销售"，也就是让一个销售人员从头盯到尾，售前、售中、售后都由他搞定，"责、权、利"对等，提成也是他一个人拿。

实际上，这种全能型人才太少了，暂且不说这些活他一个人干不完，即使有这种人才，可能也是部门负责人了。

那么，我们如何解决这个问题？

"一个篱笆三个桩，一个好汉三个帮"，我们要把客户的需求按照他的购买流程进行拆解。比如在"确定需求"阶段主要谈需求,我们就让善于做客户关系,能和客户无话不谈的销售人员出马,挖掘并确定客户的真实需求;到了"评估方案"阶段,我们以"熟悉公司产品,能够定制化解决方案"的方案策划人员主导,为客户打造定制化的方案,又能使公司的利益最大化;在"评估风险"阶段,销售人员为主导消除客户顾虑;到了最后的"合同执行"阶段,客服人员就要走到台前。

这样,我们就能做到"专业的人做专业的事",让客户在每个阶段都能享受到最专业的服务。这三个职能岗位组成的团队就是我们所说的"铁三角"组织,如图8-2所示。

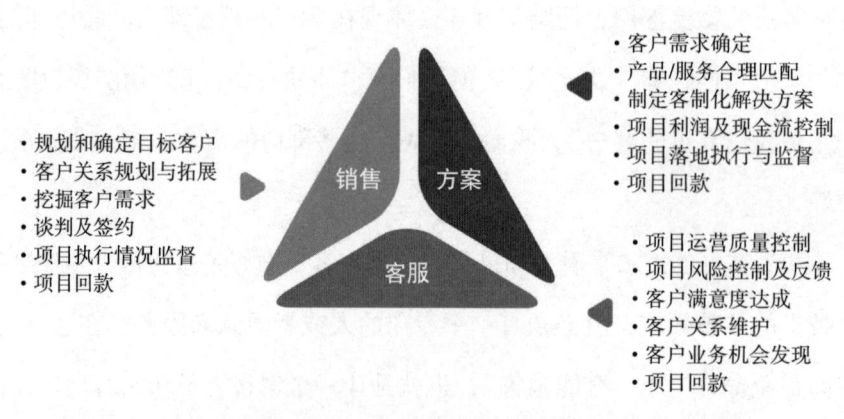

- 规划和确定目标客户
- 客户关系规划与拓展
- 挖掘客户需求
- 谈判及签约
- 项目执行情况监督
- 项目回款

销售 方案 客服

- 客户需求确定
- 产品/服务合理匹配
- 制定客制化解决方案
- 项目利润及现金流控制
- 项目落地执行与监督
- 项目回款

- 项目运营质量控制
- 项目风险控制及反馈
- 客户满意度达成
- 客户关系维护
- 客户业务机会发现
- 项目回款

图8-2 大客户销售"铁三角"组织构成及职能定位(示例)

(一)"铁三角"组织成员的考核

我们常说"心在一起才是团队",而"心在一起"是要有基础的,这个基础就是"目标一致"。而目标是否一致体现在KPI考核上:

- 铁三角的考核以"项目绩效"为第一考核项。也就是说,项目结果好了,你的绩效有可能好,项目结果不好,你的绩效一定不会好。
- 以"项目收入或者利润"这种客观的量化指标为基础进行项目绩效评定。
- 每一个岗位考核有所偏重。例如,销售考核中,项目的收入指标考核所占的比例较大,而客服人员的考核中,"客户满意度"的比重可以稍大一些,但团队共同的考核项加起来不能低于50%,比如每个职能都要考核收入、利润、项目回款等。

要让大家清楚地知道"铁三角"就是一荣俱荣、一损俱损。如果没有对制定解决方案的人员进行一定的利润考核,他考虑的就是怎样能够让客户更快地接受方案,至于实现方案所要付出的成本,这个方案公司运营能不能顺利实现,他可能考虑的就不多了,最后整个项目团队和公司买单!诸如此类的问题同样会发生在"铁三角"的另两个职能上。

(二)"铁三角"组织三个"角"都要硬

服务大客户的铁三角组织,每个人的能力都不能存在明显的短板,否则铁三角的效果就会大打折扣。

所以,我们在做人员选择的时候需要根据不同的岗位画像进行匹配和选拔。同时,需要通过竞争、培训、激励等手段让铁三角的能力全面提升,这样才能保证项目最后交付的质量。

当然,所谓"火车跑得快,全靠车头带",对于"铁三角"组织,同样需要一个"头"来带领，也就是我们说的客户经理，实现形式有三种：

- 指定一个客户经理统筹，下面分别设置销售人员、方案策划人员和客服人员。
- 由销售人员兼任客户经理进行项目统筹。
- 方案策划人员或者客服人员兼任客户经理，这种情况较适用于公司（非销售个人）开发的大客户。

（三）"铁三角"组织需要获得足够的授权与支持

"铁三角"组织能够为大客户项目的落地起到关键的支撑作用，它是一个完全以客户需求为导向的组织，这也就注定它会在交付的过程中遇到来自内部的诸多阻力。

这一点在"标准产品"公司身上体现得更明显。例如，一家售卖标准打印机产品的公司，销售部、产品部、售后部等一套体系都是按照标准产品要求进行设置，现在突然出现了一个服务大客户的"铁三角"组织，大客户提出的需求五花八门，需要各种产品的组合，售后服务也需要自己的标准，怎么服务？

这时候，如果"铁三角"组织没有获得足够的授权和支持，很可能造成"提出的需求没人搭理""大客户只有铁三角在管，售后体系只愿意服务标准客户"等问题。

最后导致的就是"铁三角"变成了无源之水、无本之木，大客户也就留不住了。因此，"铁三角"需要足够的话语权，能够代表大客户发声。

同时，相关支持部门也需要有专门的人员承接其需求，推动本部门所负责问题的高效解决。

大客户"铁三角"组织的顺利落地，企业一把手思维的转变尤为重要。

很多公司老板希望做大客户，希望做行业的标杆客户，但又怕麻烦，"铁三角"组织搭建以后，就认为万事大吉了，自己在幕后指挥就可以了。实际上"铁三角"组织搭建以后老板会更累，因为大客户的业务需求和交付问题会更快地到达领导那里，客户问题会暴露无遗，更需要快速解决，但这种"累"是值得的，你会发现大客户越来越多，客户的满意度越来越高。

"铁三角"组织的建立能够让公司内部更好地形成合力，聚焦于大客户开发的效率、客户关系维护的水平及方案交付的质量。但仍要根据不同公司大客户销售的发展阶段，以及具体需求来确定是否设立及运作。

六、不要停止对客户需求的挖掘

从"发现问题"到"顾虑排除"，从了解客户的需求到合同签署，每个阶段我们都在同客户沟通其需求和问题，有些需求是"明确需求"，我们抓住它、解决它，最终落到书面合同上。

还有一些需求是"潜在需求"。举个例子，一个物流企业的销售人员跟一个客户谈仓储业务，客户希望在全国建设三个仓库然后交给这家物流公司来运营，以提高向C端客户的发货效率。这是"明确"需求，而物流公司的销售人员在参观客户自己管理的一个仓库的时候，客户表示："目前都是经销商的车队到仓库提货，管理难度比较大。"这实际上是一个"潜在需求"。

销售人员签订仓储服务合同后，在方案执行阶段请客户参观项目的落地情况，参观过程中了解客户在自己管理车队的时候遇到的问题，同时介绍自己公司是如何管理配送车队、如何节省成本，于是另一项业务的"需求挖掘"阶段又开始了。

一个合同签署后的执行初期往往是销售人员深挖业务的最好时机，因为在前期的沟通中，客户会暴露出很多潜在的需求。销售人员始终保持"向前看"、趁热打铁跟进，往往能达到事半功倍的效果。

七、交付过程中的"复盘"

（一）复盘的频率

方案交付初期，我们需要及时复盘。根据项目不同，复盘的频率也有所不同。例如，有的项目上线初期需要一周复盘一次，有的则需要每天复盘。

而有些比较特殊的项目，如物流公司在某市疫情封城期间承接了药品和蔬菜的配送，由于项目的多变性、复杂性和重要性，项目团队需要半天复盘一次。

对于具体的复盘频率，项目团队可以根据实际情况作出选择，原则是"宜紧不宜松"。在复盘的形式上可以分为"销售团队内部复盘""交付部门复盘"和"客户复盘"三种形式。

（二）复盘的形式

"销售团队内部复盘"目的主要是客户业务的深挖，这一点我们在上文"不要停止对客户需求的挖掘"中已经说明。同时，要注意随着"交付"的进行，"使用者"的反馈对于我们下一步业务的开展至关重要，与这部分人员关系的维护也是销售内部复盘的重要内容之一。

销售团队内部对已有项目的复盘更多是要向前看，"如何确定需求""如何搞定客户"是不变的主题。

销售人员是项目顺利交付的最大受益者，特别是一些大客户销售，可能这个客户就是你的全部，但他只是交付部门的众多客户之一。

"交付部门复盘"要以交付部门为主，销售人员可以督促并参与，但不要主导。

在交付部门复盘这种会议上，销售人员要以"任务承接者"的角色出现，比如交付部门发现有些问题内部已经无法处理，需要销售人员和客户沟通解决，销售人员要作出判断后把这个任务承接下来。

对于此类复盘会，销售人员不能轻视。销售管理者可以不到场，但主责销售人员一定要参加，尽可能提出自己的合理化意见和建议，帮助交付部门顺利完成项目交付。

不指责、不抱怨，但也要有自己的立场，站在客户的角度来评判交付部门提出要求的合理性，从公司的整体利益出发考虑问题，做到谦虚谨慎、不卑不亢。

"与客户共同进行项目复盘"也是本书第七章中"协同计划"的一个重要部分。在这种复盘会上，我们主要达到三个目标：

（1）对项目目前情况进行总结

在这里要注意，**一定不要只总结"不好的地方"，对于做得"好的地方"同样进行总结**，要不然客户会有"怎么有这么多问题"的感觉，特别是不太了解项目情况的管理者更会有这种感觉。

（2）对于项目中出现的问题讨论出解决办法并分配任务

"解决办法"的产生一定是双方探讨的结果，要让客户充分参与进来，如果能通过客户的"嘴巴"说出来更好，这样后面推动起来才更加省力。

（3）客户关系建立、维护及业务深挖

"复盘会"是一个很好地与客户建立及维护关系的机会。特别是在前期进展较为顺利的情况下，适合与双方高层建立初步的关系。

同时，在这种复盘会议上，往往两个公司的相关业务部门都会参加，有利于我们进一步维护与他们的协同关系。

在复盘会议以后，会议双方如果有一些聚餐、团建等活动，能够让双方的关系更为融洽，让下一步业务推动得更加顺利。

对于销售人员来说，与客户的复盘会不可能只是简单地对原有的业务复盘，我们要充分利用这个机会深挖客户的需求，寻找合作可能。

（三）复盘的内容

对于复盘的内容框架，在这里推荐学习联想的"复盘四步法"——回顾目标、评估结果、分析原因、总结经验。

第一步：回顾目标。

清楚地回顾和明确项目目标及期望结果。

如果是阶段性回顾，可以简单地把最终目标几句话带过，重点说阶段性目标。这有助于确保项目方向的一致性，也有助于评估项目是否成功。

第二步：评估结果。

对项目的实际结果进行客观、全面地评估。包括评估项目的效果、成功程度，以及与预期目标的差距，可以把项目结果分为"亮点"与"暗点"。两点都要讲，从"亮点"开始，但要注意不能自夸，有亮点也是因为双方共同努力的结果。

第三步：分析原因。

在这一步，需要分析项目成功或失败的原因，找出影响项目结果的关键因素。这有助于理解项目的成功因素，以便在未来的项目中复制，重点分析产生"暗点"的原因，是谁的问题要明确。

我们不能把复盘会开成"批斗会"或者"自我反思会"，但也不能让复盘会流于形式。

第四步：总结经验。

从项目中总结出有价值的经验和教训，并制订相应的行动计划，以便在未来的项目中应用和改进。这些行动计划要有明确的责任人、完成时间，以及尽可能量化的完成标准。

以上内容都要在会议纪要中体现。

在这里有一点要注意，在开复盘会之前，销售作为联络人要和对方的联络人做好沟通，因为对方为了复盘会有可能准备一些内容，双方的内容不要有太大的出入。

我有一次带团队与客户复盘的时候，就出现过我们的交付团队认为做得不错的地方，客户在复盘材料里的结论是远远没有达到预期，双方高层领导还都在场，场面一度尴尬。

另外，此类复盘会的召集人和主持人多是销售人员或者公司指定的项目负责人，但不管是谁，在会前都要过一遍流程，最好是能够制定简单的书面流程发给参会方。

正所谓"接待无小事、细节定成败"，**与客户的复盘会也是一种"接待"，是一种"营销活动"，马虎不得。**

八、行业标杆的树立与复制

在方案的交付过程中，要想从客户那里获得更多的业务，作为大客户销售或者"铁三角"，我们还有一项非常重要的任务：**树立行业标杆，推动模式复制。**

我们开发和维护大客户，尤其是某个行业里的头部客户，意义不仅仅在于获得的收入和利润，更重要的意义在于树立一个标杆，对同行业其他中小规模的客户起到示范作用。

我们给市场传递的一个信号是："这个客户我们都能做，你们还担心什么？"

在向这些客户交付的同时，我们要重新审视整个开发流程、定制化的方案、交付的标准等，具有行业化共性的东西需要总结、提炼、固化、复制。

以一家电商企业为例，销售人员组织开发了一个具有行业影响力的大客户，在向客户交付方案的同时，企业需要不断总结和反思整个开发流程和定制化方案的有效性。

首先，企业需要对每个项目的开发流程进行梳理，找出具有共性的环节，如需求分析、设计、开发、测试和上线等环节。然后，企业需要对每个环节进行细化，明确每个环节的输入和输出，以及关键技术和工具的使用方法。

其次，在总结和提炼共性的基础上，企业可以制定出一套标准化的开发流程和交付标准。这套标准可以包括流程规范、技术标准和质量控制标准等。通过这套标准的实施，确保每个项目都能按照统一的标准进行开发和交付，从而提高开发效率和交付质量。

最后，企业可以将这些具有共性的东西进行复制，将其应用于其他项目和行业。通过复制，企业可以快速推广最佳实践和成功经验，提高开发效率和交付质量，同时降低成本和风险。

这种情况，大客户销售不仅实现了业务开发的职能，还推动企业新的方案和产品的研发和应用，而这些方案和产品又能助力于业务的进一步开拓，形成良性循环。

有的企业区分客户的维度并不一定是按照行业，可能是按照规模、企业性质等，但"树立标杆，模式复制"的道理和做法是一样的。

九、怎样才能从老客户那里获得更多的新业务

随着项目交付的进行，"新客户"逐渐变成"老客户"，而对于老客户，很多销售人员的重点工作是"维护"，殊不知老客户才是销售人员重点开拓的对象。到底需要怎样做呢？

（1）对于老客户，即使这个客户和我们合作了很多年，我们也不可以采取"守势"，只有不断地从老客户那里挖掘机会，才能让竞争对手没有机会。

客户有需求，我们就想办法用产品和服务满足客户的需求；客户没有需求，我们可以拿成功案例，比如给行业头部客户做的解决方案讲给客户听，他们就会考虑是不是也向头部企业学习并作出改变，老客户愿意作出改变，你就有机会。

（2）请老客户给我们推荐业务

在刚开始合作的时候不要让客户介绍，这会引起客户的反感，因为当下的业务可能还存在各种各样的问题。

业务合作平稳之后，我们就要主动请客户给我们推荐新的业务，大客户通常会有自己的下属企业，或者上下游企业，这些都是很好的客户来源。

（3）影响客户未来决策的标准

上文提过，如果方案交付得好，就想办法把它变成一种标准，若是客户以后的决策都能按照这个标准，你获得新业务的可能性就更大了。

（4）不要把新的产品或服务先卖给老客户

有的销售人员为了从客户那里拿到更多业务，喜欢把新的产品或服务卖给老客户，感觉这样开发成本低，出了问题也能摆平。

这样做有很大问题：一是销售人员这时候对于新产品和服务还不是很了解，到客户那里更多的是在说产品的优点，而真正能给客户带来什么好处、解决什么问题，说不清楚。这样，老客户不仅会感觉你拿他当"试验田"，还会拼命压你的价格。二是一旦新的产品或服务出问题会降低客户对你的信任度，进而直接影响原有业务，得不偿失。

不仅是老客户，把新的产品和服务应用于大客户都会有一定的风险，如果确实需要，我们可以向客户明确说出来，双方共同尝试创新，一些行业头部客户往往乐于接受，"先行先试"对于他们保持行业领先地位有着积极的作用。

十、永远保持对客户的敬畏之心

对于甲乙双方的合作，乙方的销售人员始终是双方的纽带，在后期合同执行过程中，能否始终保持对客户的"敬畏之心"是双方能够顺利合作的一个关键因素。

曾经有一个大客户销售人员，在做销售的头两年业绩进步迅速，很快成为部门的TOP销售，而且对于3C行业有很深的了解，公司有计划把他培养为3C行业销售团队的负责人，但后来发现这个销售人员的业绩在较长一段时间不升反降。

同时，他在与客户沟通的过程中，以前还会耐心听取客户的需求和想法，现在常常打断客户的发言，特别是与客户聊起对3C行业的看法，经常不给客户说话的机会，滔滔不绝地发表自己的意见和看法。在处理客户问题的时候，更多是抱怨客户"不懂"，抱怨客户在"胡搅蛮缠"。

有些老客户开始投诉，直接要求公司把这个销售人员换掉。

随着经验和业绩的增长，这个销售人员开始"飘"了，他失去了对客户应有的尊重，失去了对客户的"敬畏之心"。

如果一个销售对客户的敬畏都没有了，何谈对公司、对领导、对同事的敬畏，个人的职业道路也会越走越窄。

做销售久了，会有对他人的漠视和对规则的抵制，这是个人认知的瓶颈。

要打破这种瓶颈，只能是重拾"感恩"和"敬畏"。

第八章 "合同执行"VS"方案交付"

本章关键点总结

（1）大客户合同签订之后，最初的交付阶段也是最危险的阶段。

（2）我们如果想在"方案执行"阶段少出问题、不出问题，一定要尽可能地预防问题。

（3）没有一位客户有义务对你的人员进行反复的免费教育。

（4）"铁三角"组织的建立能够让公司内部更好地形成合力，聚焦大客户开发的效率、客户关系维护的水平及方案交付的质量。

（5）销售人员在任何时候都要保持"向前看"。

（6）与客户的复盘会也是一种"接待"，是一种"营销活动"，马虎不得。

（7）在向客户交付的同时，我们要重新审视整个开发流程、定制化的方案、交付的标准等，具有行业化共性的东西需要总结、提炼、固化、复制。

（8）只有不断地从老客户那里挖掘机会，才能让竞争对手没有机会。

（9）永远保持对客户的敬畏之心。

后　记

在市场经济条件下，你或者是"销售"，或者是"被销售"，销售行为无处不在。

"洞房花烛夜，金榜题名时"需要的是把自己销售出去；"年薪百万，事业成功"靠的是产品或服务获得他人的认可，可谓"人人皆销售、时时皆销售、处处皆销售"。由此可见，销售技巧实乃一个人进步的阶梯。

钢琴大师登峰造极的演奏，舞蹈名家行云流水的表演，在观众眼中都是高雅的"艺术"，而这种"艺术"又怎能离开幕后那日复一日、年复一年的科学训练！

同样，销售人员的成功需要一些天赋，但更多来自科学的、系统的练习。

销售如此，大客户销售更是如此。

它是艺术，也是一门科学，更是一场人生的修行。

这也是本书付梓的初心。

真心希望书中的一点点经验能够帮助在"销售"这条道路上砥砺前行的伙伴。

衷心感谢二十多年职场生涯中对我鼎力相助的导师、领导、同事和朋友们，本书的绝大部分知识和案例来自他们。

衷心感谢我的家人，没有他们的支持，我没有把这本书写下去的时间和勇气。

主要参考文献

［1］尼尔·雷克汉姆.销售巨人：大订单销售训练手册［M］.北京：中华工商联合出版社，2010.

［2］尼尔·雷克汉姆.销售的革命［M］.北京：中国人民大学出版社，2009.

［3］威廉·L.科恩.销售管理［M］.北京：中国人民大学出版社，2010.

［4］威廉·斯坦顿.销售队伍管理［M］.北京：北京大学出版社，2002.

［5］范厚华.华为铁三角工作法［M］.北京：中信出版集团，2021.

［6］基斯·M.依迪斯.新解决方案销售［M］.北京：电子工业出版社，2014.

［7］基斯·M.依迪斯.以解决方案为中心的组织［M］.北京：电子工业出版社，2016.

［8］博恩·崔西.销售中的心理学［M］.北京：中国人民大学出版社，2010.

［9］麦克·哈南.顾问式销售［M］.北京：人民邮电出版社，2013.